# un; *erhört*

## Die Liebe & Der Tod

Bibliografische Information der Deutschen Nationalbibliothek:
Die Deutsche Nationalbibliothek verzeichnet diese Publikation in der
Deutschen Nationalbibliografie; detaillierte bibliografische Daten sind im Internet
über http://dnb.dnb.de abrufbar.

1. Auflage 2023
ISBN 978-3-910552-03-6

Herausgeberin: Bo Hauer
Titelbild: Bo Hauer
Comic: Tobi Wagner
Redaktion: Patrizia Spanke, Tintenweber Lektorat
Lektorat: Lydia M. Behnke, LEKTORATBEHNKE
Satz und Gestaltung: Edda Wilkening, PRINTeffect
Druck: Die Werkstatt Medien-Produktion GmbH, Göttingen

Verlag: OVIS Verlag
www.ovis-verlag.de · info@ovis-verlag.de

# Widmung

Für meine kleinen Brüder und meinen Papa

– die auf der anderen Seite warten

und

für alle, die fallen,

für alle, die nicht fallen können und fliegen, weil sie Angst haben,
in Millionen Teile zu zerspringen

für alle, die gefallen und zerbrochen sind

für alle, die sich nicht aufrichten können

für alle, die nicht alle Teile wiederfinden


du wirst die verbliebenen Teile wieder zusammensetzen

du wirst dem Leben wieder vertrauen lernen und dich aufrichten

du wirst die Liebe wieder spüren können

in deiner Zeit

# Der Liebe und dem Tod begegnen

Die Liebe und der Tod gehören ohne Zweifel zu den größten Legenden durch alle Epochen der Menschheitsgeschichte. Sie begegnen uns in den berühmtesten Werken der Literatur, Musik und Kunst als Quelle unendlicher Inspiration, Fantasie sowie Interpretation und prägen mit ihrem überwältigenden Hunger nach Ausdruck wie nichts anderes unser gemeinsames Menschsein. Als beständige Begleiter übernehmen sie in einzigartigen Augenblicken des Lebens die Regie und beglücken oder verschonen niemanden.

*Ich bin, was ich bin.*

*Liebe & Tod*

Das Leben verführt zur Illusion, sich auf die Beständigkeit des Augenblicks zu verlassen, obwohl die Natur, die Meisterin allen Lebens, entkoppelt von Zeit unerbittlich und genau Zyklen vollendet.

In Wahrheit gehören wir dem Leben genauso wie die Liebe und der Tod. Das Leben wiederum ist Teil der einzig wahrhaft unendlichen Natur – mit allem und allen verbunden. Alles ist nichts und nichts ist alles und trotzdem bleibt ein Rest des Unvollendeten – des Unvollkommenen.

Die Liebe und der Tod haben vieles gemeinsam. Sie trennen Vertrautes, vermeintlich Untrennbares, lösen Grenzen auf und verbinden Unerwartetes mit Ungeahntem. Sie verändern und eröffnen unerwartete Ebenen des Daseins, lassen zweifeln, fallen, hoffen und erinnern daran, dass das Leben eigenen Regeln folgt und absolut nichts darauf gibt, wer man ist, woher man kommt, was man meint zu wissen und was man alles im menschlichen Sinne erreicht hat.

Dieses Buch handelt von der Liebe und dem Tod, verschiedenen Leben, warum Menschen sind, wie sie sind, was sie fühlen und antreibt auf der Suche nach der Seele der Liebe und des Todes.

Es enthält Schönes und Unerwartetes, viele ersten und letzten Male, ist angefüllt mit Anfängen und Enden und allem dazwischen. Du wirst ergriffen, berührt, verliebt oder nachdenklich sein und vielleicht werden auch Tränen deinen Blick trüben, wenn du dem einzigartigen Tod im alltäglichen Leben mit der einzigartigen Liebe und Leidenschaft in Werken – übrigens wahre Schätze mit viel Herzblut – der Autorinnen und Autoren begegnest. Alles ist miteinander verwoben: das Leben und die Liebe, die Liebe und der Tod.

# Inhalt

# Manchmal

*Jannik Richter*


*Manchmal wein ich noch*
*wenn mir kommt, wie sehr du fehlst*
*und das nie wieder*
*so fürchterlich wirklich wird*
*ja, dann wein ich noch manchmal.*

# Der Schattenmann
## von Andrea Gänzler

Luke lehnt im Schatten an der Mauer und schnippt lässig mit den Fingern. Eine kleine Flamme schießt aus seinem Daumen, lodert kurz auf und züngelt dann seinen Arm herauf. Mit einem kurzen, aber gekonnten Zucken der Schulter wirft er das Flämmchen auf die andere Seite, von wo aus es wieder hinunter auf seine ausgestreckte Hand wandert.

Während er so wartet, spielen sich in seinem Kopf die Ereignisse seines Lebens noch einmal ab, die ihn zu dem gemacht haben, was er jetzt war: ein Schattenmann.

Manche würden ihn wohl auch als *Feuerputz* bezeichnen, also eine Seele, die im Leben gesündigt hat und nun dafür Buße tun muss. Aber ganz egal, welche Umschreibung man dafür verwendet, er ist tot. Oder zumindest so gut wie.

Geboren und aufgewachsen war Luke in einer Kleinstadt. Schon mit vierzehn Jahren war er zum ersten Mal straffällig geworden. Als jüngster Spross einer siebenköpfigen Familie – seine Mutter war bei seiner Geburt gestorben, was sein Vater ihm bis heute zum Vorwurf machte – hatte er es nicht leicht gehabt. Sein Erzeuger, wie Luke ihn nur noch nennt, verfiel schon bald hoffnungslos dem Alkohol. Er verlor seine Arbeit, zog sich in sich selbst zurück und neigte immer mehr zu gewalttätigen Ausbrüchen.

Luke und seine größeren Geschwister wurden von einer ältlichen Tante und verschiedenen Nachbarn, die sich ihrer erbarmten, großgezogen. Die Schwester seines Vaters, die mit der Situation selbst überfordert war, tat ihr Möglichstes. Doch die einzig tiefere Beziehung, die Luke imstande war aufzubauen, war die zu seiner sieben Jahre älteren Schwester May gewesen. Er hatte sie über alles geliebt, war sie doch die

Einzige, von der er Zuwendung und Fürsorge erfahren hatte. Mit ihren sechsundzwanzig Jahren war sie stets die Konstante in seinem Leben gewesen, die ihm immer wieder auf die Füße geholfen hatte.

Nicht so jedoch an jenem verhängnisvollen Freitag vor vier Wochen, als er sie versehentlich umgebracht hatte.

Es war einer dieser regnerischen, kalten Novembertage gewesen, und sein Chef, der miese Abzocker, hatte ihn rausgeworfen, nur weil er sich eine Rauchpause gegönnt hatte. Zugegeben: Es war nicht seine erste an diesem Nachmittag und er war deshalb auch schon verwarnt worden, aber ihn so kurz vor Weihnachten gleich fristlos zu entlassen? Eigentlich machte ihm die Arbeit als Kfz-Mechaniker Freude, und er war froh, die erst wenige Monate zurückliegende Prüfung bestanden zu haben. Doch es fiel ihm nicht leicht, sich an geregelte Zeiten zu halten, weswegen es immer wieder Ärger gab.

Während er die nassen Straßen entlangschlenderte, vorbei an der Metzgerei, der ehemaligen Arbeitsstelle seines Vaters, stiegen wieder einmal die Wut auf sich selbst und Unzufriedenheit mit seinem Leben in ihm auf.

Aus diesem Grund ging er zunächst in die Kneipe um die Ecke, um sich einen Absacker zu genehmigen, ehe er sich auf den Heimweg machte. Als er schließlich angetrunken zu Hause ankam, wartete sein Vater bereits auf ihn. Trude, die alte Nachbarin von nebenan, hatte ihm bereits alles brühwarm berichtet.

Selbst schon vom Alkohol benebelt fiel er sofort über Luke her, als dieser zur Tür hereintorkelte.

»Solange du deine Füße unter meinen Tisch stellst, hast du gefälligst zu tun, was ich dir sage!«, schrie sein Vater.

»Von dir lasse ich mir gar nichts mehr sagen!«, brüllte Luke zurück. All der aufgestaute Frust platzte mit einem Mal aus ihm heraus.

Schimpfwörter und Fäuste flogen durch die Luft, bis sein Vater plötzlich seine Schwester May niederschlug, die die beiden Streithähne hatte auseinanderbringen wollen. Blut spritzte aus Mays Nase, und sie sank stöhnend zu Boden. Luke sah im wahrsten Sinne des Wortes rot. Zornig packte er die Bierflasche, die auf dem wackeligen Wohnzimmertisch stand, und schlug zu. Genau in dem Moment, in dem May, die fast so groß wie ihr Vater war, sich zitternd aufraffte und auf ihn zutaumelte, um ihn zu beruhigen. Es knirschte vernehmlich, und May fiel mit dem Gesicht nach unten auf den Boden. Die beiden Kontrahenten verstummten abrupt. Der Aufprall war in der plötzlichen Stille ohrenbetäubend laut. Gelähmt vor Schreck konnte Luke den Blick nicht von ihrem Gesicht abwenden. Erst als ein dunkler Fleck um Mays Kopf langsam größer und größer wurde, realisierte er, was wirklich passiert war:

Er hatte seine Schwester umgebracht!

Geschockt starrte er auf seine Hände. Dann drehte er sich um und stürmte los. Er rannte und rannte, ohne zu wissen, wohin er lief. Er wollte nur noch weg von diesem schrecklichen Bild.

Deshalb sah er auch den Sattelschlepper nicht kommen, nahm das Aufblenden der Lichter, die quietschenden Reifen nicht wahr.

Sein letzter Gedanke galt seiner geliebten Schwester, deren Blut an seinen Händen klebte.

Nun steht er da, an die Mauer im Schatten gelehnt, und beobachtet das Haus seines Vaters. Er ist als Geist zurückgeschickt worden, um seine Tat zu sühnen. Er vereint Dämon und Engel in sich und muss sich für eine Seite entscheiden.

Von den meisten Menschen wird er nicht wirklich wahrgenommen. Wenige schrecken vor ihm – oder vielmehr dem Etwas, das sie sehen – zurück oder bekommen einen plötzlichen, eisigen Windhauch zu spüren wie die junge Frau, die gerade an ihm vorbeiläuft und sich schnell tiefer in ihrem Schal vergräbt. Sogar der kleine Hund auf der anderen Straßenseite wendet den Blick ab und schüttelt sich. Nur die Kinder schauen ihm ins Gesicht, erschrecken sich vor den feurig-roten Augen und den Flammen, die ihn umlodern, und rennen schreiend davon. Diejenigen, die über diese Begegnungen sprechen, bezeichnen ihn treffenderweise als *Schattenmann*.

Das erinnert Luke an ein Spiel seiner Kindheit, die Schatten der Vergangenheit und an die Frage, was er hier eigentlich sollte. Er weiß es selbst nicht. Sollte er ein Feuer entfachen und das ganze Gebäude in Schutt und Asche legen? Zusehen, wie das Haus seiner Kindheit in Flammen aufgeht, die alles fressen, das ihnen im Weg stand?

Seine Schwester ist tot und begraben und nichts würde sie je wieder zurückbringen. Er spürt den Verlust wie einen körperlichen Schmerz, vermisst sie jede Sekunde seines Daseins und kann an nichts anderes mehr denken. Fast so schlimm wie die Tatsache, dass er seine eigene Schwester umgebracht hatte, war, dass er sich nicht mehr von ihr hatte verabschieden können und viele Gelegenheiten verpasst hatte, ihr zu sagen, wie sehr er sie liebte und brauchte.

Mit einem letzten Blick auf das kleine alte Häuschen, den verwahrlosten Garten und die baufällige Scheune macht Luke sich auf den Weg.

Ohne nachzudenken, läuft er durch die Straßen, und als er plötzlich vor einem der großen Hochhäuser im Zentrum der Stadt steht, weiß er, was er zu tun hat. Er würde sich einen Traum seiner Kindheit erfüllen.

Seit er denken konnte, wollte er immer auf das Dach eines dieser Hochhäuser steigen, um dort eine Nacht unter freiem Himmel zu verbringen. Er wollte den Sternen so nah sein wie möglich, denn vielleicht spiegelte sich ja in ihnen das Gesicht seiner geliebten Mutter. Dieses hübsche, liebevolle Gesicht, das so sanftmütig von den Fotos, die May in ihrem Zimmer aufbewahrt hatte, auf ihre Kinder hinabschaute. Und als Schattenmann ist es für ihn ein Leichtes, unbemerkt dort hinaufzukommen.

Früher hätte ihm der Blick in die Tiefe wohl die Knie zittern lassen, aber heute …

Während er auf dem Geländer sitzt, welches das Dach umgibt, über den schwarzen Abgrund seines Lebens nachdenkt und mit einem kleinen Flämmchen spielt, vernimmt er ein leises Quietschen. Schnell versteckt er sich.

Vorsichtig wird die Tür zum Treppenhaus neben ihm geöffnet. Eine zierliche Gestalt tritt hinaus auf das Dach. Verstohlen sieht sie sich um, und im fahlen Licht des Mondes erkennt Luke, dass es sich um eine Frau handelt. Ihr blasses Gesicht, umrandet von dunklen Locken, die widerspenstig in alle Richtungen abstehen, leuchtet im Dunkeln. Er springt geräuschlos vom Geländer und beobachtet sie. Unsicher bleibt sie stehen, doch dann geht sie entschlossen auf die Balustrade zu. Langsam hebt sie ein Bein und will es gerade darüberschwingen, als er sie anspricht: »Das würde ich an Ihrer Stelle nicht tun!«

Erschrocken fährt sie zusammen und verliert beinahe das Gleichgewicht. »Was tun Sie hier? Sie hätten mich beinahe zu Tode erschreckt!« Dann denkt sie kurz über das Gesagte nach, fängt an zu lachen und murmelt etwas Unverständliches vor sich hin.

»Ganz in Ihrem Sinne, vermute ich mal?«

»Nun ja«, beginnt sie zögerlich, »das würde vielleicht auch funktionieren, wäre mir aber etwas zu unsicher!«

Als er schweigt, senkt sie beschämt den Kopf und fährt fort: »Ich heiße Kate.«

»Angenehm, Ihre Bekanntschaft zu machen. Mein Name ist Luke. Rauchen Sie?«

Sie verneint kopfschüttelnd und fügt rasch hinzu: »Das ist doch ungesund!« Als Luke fragend eine Augenbraue hebt, erklärt sie: »Ich bin Ärztin.«

Luke wirft ihr einen neugierigen Blick zu. »Wollen Sie mir nicht vielleicht erzählen, was sie hierhergeführt hat?«

Kate nickt langsam, ehe sie zu erzählen beginnt. Sie war gerade einmal drei Jahre als Assistenzärztin am *St. Memorial Krankenhaus* angestellt, frisch verheiratet und rundum glücklich, als ihr Baby zwei Monate zu früh auf die Welt kam. Organisch war mit dem Säugling alles in Ordnung, aber ihre kleine May weinte Tag und Nacht.

Der Name der Neugeborenen trifft Luke wie ein Schlag in den Magen, und obwohl er keinen körperlichen Schmerz mehr spüren kann, bleibt ihm doch kurz die Luft weg.

Kate, die seine Reaktion im Dunkeln nicht wahrgenommen hat, erzählt inzwischen weiter, berichtet von ihrem überforderten Mann, der eigentlich die Elternzeit nach dem ersten halben Jahr übernehmen und die kleine May betreuen wollte, während Kate wieder Schichtdienst im Krankenhaus leisten sollte. Allerdings wollte oder konnte er nicht mehr und verabschiedete sich praktisch über Nacht nach Mays erstem Geburtstag. Sie hatte nie wieder von ihm gehört.

Da Kate keine lebenden Verwandten mehr hat – ihre Eltern und ihr jüngerer Bruder waren bei einem Autounfall vor einigen Jahren ums Leben gekommen –, musste sie eine Babysitterin organisieren für die Zeit, in der sie im Krankenhaus arbeitete. Sie übernahm freiwillig alle Nachtschichten, sodass sie möglichst viel Zeit mit ihrer Tochter verbringen konnte.

Eines Tages standen dann plötzlich zwei Polizisten im Krankenhaus und verlangten, sie zu sprechen.

Kate schluckt, und Luke sieht Tränen in ihren Augen schimmern, als sie weiterspricht.

Die Babysitterin hatte einen Notruf abgesetzt, als sie bemerkte, dass May in ihrem Bettchen nicht mehr atmete. Die Sanitäter waren in weniger als zehn Minuten vor Ort, doch sie konnten nur noch den Tod der Kleinen feststellen.

»Plötzlicher Kindstod«, lautete die Diagnose des Notarztes, und das war's.

»Deshalb bin ich heute Nacht hier gelandet. Es schien mir die einfachste Methode …«

Es entsteht ein langes Schweigen, in dem beide über das Gesagte nachdenken.

Dann kommt Luke zu einer Entscheidung. Was hat er schon zu verlieren? Und so beginnt er ebenfalls zu berichten, was ihm widerfahren war. Kate lässt ihn nicht aus den Augen, während er ihr sein Herz ausschüttet.

Er muss ihr zugutehalten, dass sie ihn nicht unterbricht, sondern ihn einfach seine Geschichte erzählen lässt. Nachdem er geendet hat, herrscht für eine Weile Stille.

»Wenn ich das alles richtig verstanden habe«, beginnt Kate zögernd, »dann sind Sie das, was man im Volksmund einen *Feuerputz* nennt.«

Sie ordnet ihre Gedanken und fährt fort:

»Das würde bedeuten, dass Sie zurück auf die Erde geschickt wurden, um die Schuld, die Sie begangen haben, zu begleichen.«

Luke nickt abwartend, doch Kate verfällt in Schweigen. Schließlich hat Luke einen Geistesblitz. Ihr Zusammentreffen heute Nacht ist bestimmt kein Zufall. Eigentlich glaubt Luke nicht an das Schicksal, aber tief im Inneren spürt er, dass dies seine Chance ist – seine und ihre.

Seine Gedanken überschlagen sich, während Kate ihm forschend ins Gesicht blickt. Fieberhaft sucht er nach den richtigen Worten, dann platzt es aus ihm heraus: »Wir beide haben einen geliebten Menschen verloren, ohne den uns das Leben nicht mehr lebenswert erscheint. Und nichts, was wir tun, wird sie je wieder zurückbringen. Aber wir werden sie in unseren Herzen behalten, und wir helfen uns gegenseitig!«

Diesmal ist es Kate, die zustimmend nickt. »Ja, ich bin soeben zu dem gleichen Schluss gekommen! Es tut gut, mit jemandem darüber reden zu können.«

»Sie sind Ärztin. Sie werden hier noch gebraucht. Es ist Ihre Berufung, anderen Menschen das Leben zu retten, deshalb dürfen Sie Ihr eigenes nicht so einfach wegwerfen. Und wenn es mir gelingt, Sie davon abzuhalten …«

»… dann haben Sie Ihre Schuld beglichen, und ich habe Sie erlöst!«, beendet Kate seine Ausführung.

Erneut breitet sich Stille zwischen ihnen aus. Allerdings keine peinliche, die zwischen ihnen steht wie eine Wand, sondern eher eine Art freundschaftliches Einvernehmen.

Die beiden bleiben noch eine Weile nebeneinander auf der Balustrade sitzen, betrachten den Sternenhimmel, als hätte jeder von ihnen seinen geliebten und verlorenen Menschen dort wiederentdeckt, bevor sie sich noch einmal zunicken und ihrer Wege gehen.

# Mondlichtsplitter

*von Eva Joan*

*// Gesichter so fahl mit Furcht in den Augen*
*nach Atem ringend im Fiebertraum //*
*ich kann es fühlen*
*Brüder, Schwestern*
*wie ihr Abschied nehmt*
*losgelassen schwebend*
*wie welkende Blätter*
*im leicht herbstlichen Wind*
*des sterbenden Sommers*
*fallt, Brüder*
*fallt, Schwestern*
*fallt in mein Herz*
*lasst mich meine Arme*
*um euch schlingen*
*ein letztes Mal ...*
*ruht euch in mir aus*
*bevor beim jähen Sturz*
*ins stille Unendlich*
*der Wintersturm*
*schneestaubfunkelnd*
*auf kalten Schwingen*
*weit, weit euch trägt*
*hoch in samtene Schwärze*
*bis ihr nur noch*
*Mondlichtsplitter seid*
*auf den dunklen Wellen*
*der weiten See.*

# Lenchen
### von Rosemarie Wetzel

»Hallo, mein Schatz, geht's dir gut? Du fehlst mir. Dem Papa und Opa auch.«

Carolin sah zur großen Buche hinüber, die in der Herbstsonne leuchtete und mit ihren bunten Blättern versuchte, die Besucher zu trösten, so gut es ging. Weiter rechts lockte der wilde Wein an der Friedhofsmauer Insekten an. Auf der linken Seite standen in einer lockeren Reihe immergrüne, hohe Thuja-Sträucher und versprachen Schutz und Frieden. Sie ließ sich auf ihrem Klapphocker nieder, den sie gelegentlich mitbrachte. Sehnsuchtsvoll schaute sie in das kindliche Gesicht ihrer Tochter auf dem Foto am Grabstein, saugte deren strahlendes Lächeln auf. Ließ den Blick auf dem verschmitzten Kindermund ruhen, der aussah, als wollte er ihr gerade etwas erzählen.

»Ach, Lenchen«, flüsterte Carolin.

Ganz in Gedanken versunken zupfte sie vertrocknete Blüten von den Chrysanthemen, die in der Mitte des Grabes einen schönen Kontrast vor dem immer größer werdenden Efeu bildeten, sammelte abgefallene Blätter ein und ließ sie in den roten Plastikeimer rieseln. Der Eimer war das letzte Geschenk, das sie und ihr Mann ihrer Tochter vor drei Jahren zu Ostern gemacht hatten. Einen Abend lang hatten Frank und sie zusammen Luftballons draufgemalt, in allen Farben, mit Streifen, Punkten und lachenden Gesichtern. Freudestrahlend hatte Lenchen ihn geschwenkt, war zum Sandhaufen im Garten gerannt und hatte begonnen, ihn zu füllen, mit den dazugehörigen Tierförmchen kleine Kuchen zu backen, die der Vater und die Mutter dann »essen« mussten. Frank und sie hatten mitgespielt, ihre Tochter dabei förmlich mit den Augen verschlungen. Sie hatten sich jede Sekunde einprägen, sich kein Lachen und kein Wort von Lenchen entgehen lassen wollen, um Momente wie diesen zu konservieren und einzulagern für die Zeit danach. Ihre Seelen hatten schon ein Jahr der Achterbahnfahrt zwischen Hoffen und Bangen hinter sich.

*Sie schafft es. Sie schafft es vielleicht nicht. Sie schafft es. Sie muss es schaffen. Bestimmt wird alles gut! Aber was, wenn nicht?*

»Lenchen, mein ganzes Glück, ich wäre so gern bei dir. Der Papa auch. Hoffentlich kümmert sich die Oma gut um dich. Grüß sie lieb von uns. Sag ihr, wir vermissen euch beide.« Carolin fehlte die Gewissheit, dass alles gut wird, der unerschütterliche Glaube ihrer Mutter. »Ich will doch nicht so viele Jahre warten, bis wir uns wiedersehen. Wie soll ich das bloß aushalten?«

Sie drückte ihr Taschentuch fest auf beide Augen, presste die Lippen aufeinander. Dennoch konnte sie ihr Schluchzen nicht unterdrücken und auch die Tränen waren nicht mehr zu stoppen. Wenigstens war niemand in Sichtweite, sodass sie ihrer Trauer für einen kurzen Moment freien Lauf lassen konnte. Langsam beruhigte sie sich wieder. Sie atmete ein paarmal tief ein und aus und versuchte, ihre Traurigkeit zu verdrängen. Es war still um sie herum, nur Vogelgezwitscher war zu hören.

Carolin betrachtete den kleinen Engel auf Lenchens Grab. Es gab Tage, an denen der Schmerz sich versteckte und sie das Gefühl hatte, sie könnte wieder nach vorn blicken. Aber heute fühlte sich ihr verletztes Herz an wie eine offene, brennende Wunde. Gleichzeitig strömten Erinnerungen auf sie ein, die ihr trotz ihrer Trauer ein unerwartetes Lächeln entlockten. Lenchens erste Gehversuche zum Beispiel. Frank und sie hatten eine beinahe diebische Freude daran empfunden, Lenchen dazu anzustacheln, vom Sofa aus ein paar Schritte auf sie zuzumachen. Sie hatten ihre Tochter angefeuert, als hätte es einen Preis zu gewinnen gegeben. Und Lenchen hatte gequietscht vor Freude, war mit ausgestreckten Armen und strahlenden Augen auf sie zugetapst, bis sie, um das Stürzen zu vermeiden, nach dem Tischtuch des Wohnzimmertisches gegriffen hatte. Die Decke samt der darauf stehenden Gebäckschale mit sich reißend war sie auf ihren Hintern gefallen. Der Schreck hatte nur wenige Sekunden angedauert. Schon hatte die Kleine ihre Chance erkannt und in Windeseile so viele Kekse wie nur irgend möglich in ihren süßen Mund geschoben.

Carolin schaute lächelnd zum Bild ihrer Tochter auf dem Grabstein: »Du warst wirklich auf Zack, das muss man dir lassen!«

Dann schloss sie ihre Augen und wandte ihr Gesicht der Herbstsonne zu, hielt ganz still, ließ die Wärme in jede Zelle ihres Körpers stromen. Die Ruhe um sie herum hüllte sie ein, tröstete sie.

Lenchen war gerade einmal zwei Jahre alt gewesen, als sie die Krebsdiagnose erhalten hatten. Carolin und Frank hatten im Büro des dunkelhaarigen Arztes gesessen, als dieser ihnen das Ergebnis der Untersuchungen mitgeteilt hatte. Carolin hatte versucht, sich für dieses Gespräch eine Art Schutzpanzer umzulegen, der den Schock einer schlimmen Diagnose von ihr fernhalten sollte. Er konnte aber nicht verhindern, dass die Worte des Arztes zu ihr durchdrangen. Wie versteinert hatte sie dagesessen. Schlagartig war ihr übel geworden, ihr Herz schien zu zerreißen. Sie erinnerte sich später nicht mehr daran, was er noch alles erklärt hatte, zu geschockt war sie von der Tatsache gewesen, dass selbst ein so kleines Kind nicht von dieser Krankheit verschont blieb.

Als Lenchen zur Welt gekommen war, waren Frank und sie im siebten Himmel gewesen. Lenchen, ihr absolutes Wunschkind, war von Anfang an ein Sonnenschein gewesen. Selbst in den ersten Tagen, in denen Babys noch nichts sehen können, waren die frischgebackenen

Eltern fest davon überzeugt gewesen, dass Lenchen sie erkannt hatte, gelacht hatte, weil sie gelacht hatten, sie geliebt hatte, weil sie die innige Zuneigung ihrer Eltern hatte spüren können. Die Liebe zu ihrem Kind war Carolin fast unheimlich gewesen. Sie hatte nicht mit einem solch intensiven Gefühl gerechnet.

Lenchen war ein Jahr alt gewesen, als Carolins Mutter plötzlich gestorben war. Carolin bedauerte sehr, dass ihr nicht mehr Zeit mit ihrer Enkelin vergönnt gewesen war. Sie hatte Lenchen vergöttert, das Baby mit einer Engelsgeduld getragen, wenn es Bauchschmerzen hatte und weinte. Aber wenigstens hatte sie Lenchens Sterben nicht miterleben müssen.

Jeder Gedanke, der ein kleines bisschen Trost versprach, wurde heraufbeschworen, um den Tod der beiden geliebten Menschen auszuhalten. Ihre Mutter war am einen Tag noch mit ihren Freundinnen wandern gewesen und am nächsten Tag plötzlich tot. Ihr Vater war nur für eine Stunde beim Nachbarn in der Garage gewesen, um diesem zu helfen, den Rasenmäher zu reparieren. Als er zurückgekommen war, hatte er seine Frau leblos im Sessel sitzend vorgefunden. Wer rechnete schon mit einem Herzinfarkt aus dem Nichts! Und Lenchen? Zu denken, dass ihr der Tod eine weitere schmerzhafte Chemotherapie erspart hatte, war nur ein Quasitrost, wie Carolin es nannte. Lenchen müsste doch leben. Einer der furchtbarsten Tage war derjenige gewesen, an dem Lenchens leicht gelockte, blonde Haare auszufallen begonnen hatten. Carolin war ins Schlafzimmer gestürzt und auf dem Bett weinend zusammengebrochen. *Nicht dran denken. Nicht dran denken!*, hatte sie sich befohlen.

Und dann war da ihr Vater, der seine Frau immer noch vermisste wie am ersten Tag. Der wütend und verzweifelt war, dass die kleine Lena hatte sterben müssen. Auch Franks Eltern konnten kaum über Lenchen reden, ohne sofort mit den Tränen kämpfen zu müssen. Glück war so zerbrechlich.

Die Beerdigung hatte Carolin wie unter einer Glocke erlebt. In einem weißen Kindersarg, auf den Carolins Freundinnen bunte Schmetterlinge und Blumen gemalt hatten, wurden ihr Glück und ihre Liebe buchstäblich zu Grabe getragen. Jede Hoffnung auf ein Leben mit ihrem Kind, der Wunsch, ihre Tochter heranwachsen zu sehen, erstickt. Vorbei war die Zeit, in der Carolin Lenchen von der Schule abgeholt hätte, noch bevor sie überhaupt begonnen hatte.

Ihre engsten Freundinnen hatten sich ohne Worte dicht neben sie gestellt. Ihre sprachlosen Umarmungen, ihre verweinten Gesichter, die vielen Karten und Briefe, die sie an diesem Tag erhalten hatte, all dies trug den Schmerz von ihr und Frank mit. Beistand, ohne beschönigen zu wollen. Was hätte man auch sagen können? Bis heute nahm sie die Beileidskarte ihrer Freundin Anne regelmäßig in die Hand. Annes Worte hatten sie nach Lenchens Tod besonders berührt, boten ihr immer noch Trost.

Carolin war nicht bibelfest, aber ihr kam die letzte Zeile aus dem Hohelied der Liebe in den Sinn: »Nun aber bleiben Glaube, Hoffnung, Liebe, diese drei; aber die Liebe ist die größte unter ihnen.«

Der Glaube war im Moment ein schwieriges Thema, die Hoffnung dahin. Und die Liebe? Sie tat schrecklich weh. Wie sollte sie Gott verzeihen, der zugelassen hatte, dass ihr Kind gestorben war?

Manchmal wünschte sich Carolin, alle Sorgen, alle Trauer einfach abstreifen und hinter sich lassen zu können. Tot zu sein, schien in diesen kurzen Momenten verlockend. Denn der Tod versprach, davonschweben und loslassen zu dürfen. Aber in ihrem Leben gab es zu viel, das sie noch nicht zurücklassen wollte. Frank zum Beispiel. Und ihren Vater, ihre Geschwister, die Schwiegereltern, Freundinnen und Nachbarn. Ihren Garten. Die Bücher. Das therapeutische Tanzen. Sogar ihre Arbeit bei den Johannitern würde sie vermissen. Das Leben war so vielfältig. Es war schön, ergab Sinn, solange die Liebe mit im Spiel war.

Carolins Augen wanderten wieder zu Lenchens Bild auf dem Grabstein. Bei allem Schmerz war sie zutiefst dankbar für jeden Tag, an dem Lenchen ihr Leben bereichert, es perfekt gemacht hatte. Ein Geschenk auf Zeit. Sie entfernte wie bei jedem Besuch die abgebrannte Kerze aus der Grablaterne, ersetzte sie durch eine neue und betrachtete die kleine Flamme, bis sie sich ganz entfaltet hatte.

An Lenchens viertem Geburtstag hatte es den ganzen Tag geregnet. Doch ihre Tochter war begeistert gewesen von den brennenden Kerzen auf dem Geburtstagskuchen. Mit aufgeblähten, geröteten Pausbacken hatte Lenchen versucht, sie unter den Anfeuerungsrufen ihrer Gäste auszublasen. Frank hatte Lenchens vor Konzentration leicht schielende Augen, den gespitzten Mund und das eifrige Pusten in einem herrlichen Schnappschuss festgehalten.

Stimmen näherten sich. Eine grauhaarige, leicht humpelnde Frau steuerte in Begleitung einer jüngeren Frau und zwei Kindern im Grundschulalter auf eine der Grabreihen zu. Sie trugen Kartons mit Blumen, Eimer und Gartenwerkzeug mit sich. Kaum hatten sie alles abgestellt, rannten das Mädchen und der Junge los und versuchten, sich gegenseitig zu fangen und als Erste an den Gräbern zu sein. Sie griffen nach den Weihwasserpinseln und spritzten damit großzügig nach links und rechts.

»Lasst das!«, rief ihre Mutter. »Der Friedhof ist kein Spielplatz.«

Daraufhin rannte der Junge zum Wasserhahn an der Friedhofsmauer, griff sich eine Gießkanne und ließ sie volllaufen. Freudestrahlend schleppte er die überschwappende Kanne den Weg entlang und rief schon von Weitem: »Oma, darf ich den Opa gießen?«

Seine Großmutter schüttelte lachend den Kopf und erwiderte: »Junge, mach mal langsam. Erst müssen wir die vertrockneten Blumen entfernen und alles neu bepflanzen ...«

Das Mädchen hatte sich inzwischen zu seiner Oma gesellt und sich die Hacke geschnappt.

Carolin hörte nicht weiter zu. Sie warf einen Blick auf ihre Uhr. Es war Zeit, nach Hause zu gehen. »Lenchen«, sagte sie leise und stand auf, »ich muss gehen. Dein Papa wartet schon auf mich. Er geht mit mir zum Arzt. Aber keine Sorge, ich bin nicht krank.« Schützend legte sie ihre Hände auf die kaum wahrnehmbare Wölbung ihres Bauches. »Du kriegst ein Geschwisterchen«, erklärte sie behutsam. »Wenn du nur dabei sein könntest! Du wärst jetzt schon in der Schule. Du könntest mit deinem Brüderchen oder Schwesterchen spielen, auch mal streiten, bald aus deinem Lieblingsbuch vorlesen. Ihr könntet eure Hände mit Wasserfarben anmalen und farbige Schmetterlinge an die Terrassentür drücken. Ich vermisse dich so sehr. Lenchen, ich liebe dich!«

Mit dem Kindereimer in der einen und dem Klapphocker in der anderen Hand machte sich Carolin auf den Weg zum Friedhofsausgang, wo sie ihr Fahrrad abgestellt hatte.

Ob sie wohl einen Jungen oder wieder ein Mädchen bekommen würden?

# Entlieben
## von Tim Komischke

»Wie entliebt man sich eigentlich?«, fragte der kleine Junge den Mann.

»Ich weiß es nicht«, entgegnete dieser.

»Aber du hast dich doch bestimmt schon oft verliebt!«, hakte der Junge nach.

»Das stimmt schon«, sagte der Mann grübelnd, »aber ich kann mich nicht daran erinnern, die Liebe zu einem Menschen jemals wieder wirklich verloren zu haben, sobald sie einmal da war. Wenn man sich in jemanden bloß verschossen oder Schmetterlinge im Bauch hat, sind diese Gefühle bald darauf schwächer geworden oder verschwunden. Aber die Bänder der Liebe, die ich in meinem Leben geknüpft habe, haben sich nie wieder aufgelöst. Zumindest nicht von meiner Seite. Ich habe mir oft gewünscht, mich entlieben zu können, habe aber in meinem ganzen Leben bisher keinen Weg dazu gefunden.«

»Wieso wolltest du das denn?«, bohrte der Junge weiter nach.

»Nun, weil es einem das Herz brechen kann zu lieben, ohne dass dies erwidert wird«, antwortete der Mann nun mit leicht brüchiger Stimme. »Manchen Menschen fällt es leicht, sich zu entlieben, sobald du ihre Erwartungen nicht mehr erfüllst und nicht mehr dem Bild entsprichst, das sie sich von dir gemacht haben. So banal kann das sein. Aber Liebe sollte nie banal sein. Denn durch ihre Banalisierung entweiht man sie ebenso wie die Beziehungen zu den Menschen, mit denen man sie angeblich aufrichtig teilt.«

»Aber kommt das nicht andauernd vor?«, fragte der kleine Junge.

»Doch!«, rief der Mann. »Viel zu oft! Und lass dir niemals einreden, dass das normal sei, von denen, die meinen, nicht anders lieben zu können. Menschen, die so etwas erzählen, haben nicht mal eine Ahnung davon, wovon sie eigentlich sprechen. Das sind unvollkommene, unglückliche Seelen, die mit ihrem Leiden auch andere noch mit ins Unglück reißen wollen, nur um mit dem eigenen nicht allein zu sein.

Solange sich die Menschen selbst nicht gefunden haben und mit sich im Reinen sind, suchen sie ihre Vervollkommnung in anderen. Und wenn das Gegenüber seine Aufgabe nicht mehr erfüllt, wird es ausgetauscht, und ein neuer unglücklicher Mensch tritt an seine Stelle, um unter der Vortäuschung von Liebe ausgesaugt zu werden.«

# Glaubst Du?
### von Olga Kovalenko

»Glaubst du an mich?«
– fragte das Leben ihn.
Er mit seinem schmalen, blassen Gesicht,
verklebten Haaren an der Stirn
und einem verzweifelten Blick
in der stickigen, finsteren Stube
war stumm. Nur der kalte Wind
klopfte an seine Türe
und Fenster.
Der Wind war heute der Erste,
der sich an ihn erinnert hat,
in dieser einsamen Nacht.
In dieser ersten Nacht seines Abschieds.
»Glaubst du an mich?«
– fragte zärtlich die Liebe.
Schleichende, unsichere Schritte
und flüsternd im Schatten: „Verschwinde!"
Ein helles: »Bleib bitte bei mir!«
Ein ewiger Kampf der Ehre ...

Die strahlende Augen-Liebe
war heute das erste Zeichen
seiner flüchtigen Seele.
Ein trockenes, kurzes: »Vergiss nie, bitte!«
Und dann? Nur schreiende Stille.
In tausend Stücke zerschmettert, zerkratzt,
blieb seine Hoffnung am Leben.
Der letzte Trost – die verbleibende Kraft
seinen eigenen Mut zu erkennen.
Ein leichtes, kaum bemerkbares Nicken des Kopfes
»Glaubst du an mich, mein Lieber?«
Und Liebe wischte den ersten Abschiedstropfen
von seinen Wangen,
von Treue in sich gefangen.
»Glaubst du an mich?«
– fragte lächelnd der Tod.
Seine müde, erschöpfte Sicht
ging in das Dunkle fort.
Ein leichtes Grinsen,
und dann, mitten ins Todesgesicht
ein leuchtender, kräftiger Blick,
erfüllt von dem Mut und der Kraft
schnitt stickige Stube.

Ein lautes, mächtiges JA-Wort
erfüllte in einer Minute
den ganzen Raum.
Wie ein einziger Traum
zog sein ganzes Dasein
vor den Augen schnell vorbei.
»Glaubst du an mich?«
– fragte das Leben ihn leise.
Die Hand des Vertrauens haltend
von der leuchtenden Liebe begleitet,
in der Reinheit aufrechterhaltend
verschwand seine Seele
in ihrem Ursprung der kreiselnden Existenz ...
»Und was ist jetzt?«
– fragte das Leben ihn laut.
»Ja, ich glaube an dich!«
– zeigte erleichtert
sein starres, fremdes Gesicht.

# Insel der Ewigkeit
## von Chris Lemorne

*Nachts am stillen See,*
*im Licht des Vollmonds,*
*auf der Insel der Ewigkeit,*
*zwischen den Liebenden,*
*werden sie erscheinen,*
*die geliebten Toten.*

Abrupt richtet Juan sich im Bett auf. Das leise Knattern, das ihn geweckt hat, scheint vom See zu kommen, dessen Uferbereich sich fast bis zum Eingang seiner Hütte erstreckt. Er neigt den Kopf ein wenig zur Seite, um zu lauschen. Trotz seines fortgeschrittenen Alters reagieren seine Sinne auf jede ungewöhnliche Wahrnehmung. Ein Überlebensinstinkt, wenn man sein gesamtes Leben in der Wildnis des Urwalds verbracht hat. Und mitten in der Nacht sollte alles still auf dem Wasser sein.

Er wirft einen liebevollen Blick auf seine schlafende Frau, streicht ihr über die Haare und müht sich aus dem Bett. Behutsam öffnet er die Tür und tritt nach draußen. Und tatsächlich, im Licht des Vollmonds passiert ein kleines Motorboot seine Hütte und steuert hinaus auf den See.

Den Mann am Steuer erkennt Juan sofort. Der Typ mit der ungewöhnlich hellen Haut ist vor einigen Tagen in der Gegend aufgetaucht. Vielleicht ein Europäer? Er hängt meistens auf dem Dorfplatz herum und starrt auf irgendwelche Karten und Bücher. Dabei strahlen seine

Augen eine tiefe Traurigkeit aus, in denen Juan aber auch Funken der Hoffnung zu erkennen glaubt.

*Was will der Gringo mitten in der Nacht auf dem See?*

Juan versucht, die Richtung einzuordnen, in die er fährt. Möglicherweise ist er auf dem Weg zu einer der Inseln. Aber davon gibt es zu viele – schwer abzuschätzen, welche sein Ziel sein könnte.

Das Boot entfernt sich, ist irgendwann nur noch ein schemenhafter Schatten am Horizont. Juan schaut ihm noch eine Zeit lang hinterher, dann zuckt er mit den Schultern und geht zurück ins Bett. Er schmiegt sich eng an seine Frau und schließt die Augen.

***

Das Tuckern des Motors hat aufgehört. Sanft schaukelt das Boot auf den im Mondschein glitzernden Wellen. Mit leichten Paddelschlägen navigiert David die letzten Meter durch das Schilf in Richtung der schmalen Bucht. In seinem Kopf rotieren die Worte des Gedichts. Wiederholen sich ständig. Immer wieder fragt er sich, ob er sie richtig interpretiert hat und der Lösung des Geheimnisses näherkommt.

Mit einem Ruck zieht er das Boot ans Ufer und schlingt das Seil um den Stamm der alten Weide, deren untere Äste traurig im Wasser hängen. Wie Edelsteine funkeln die Reflexionen des Mondlichts, kaum abgeschwächt durch den zarten Nebelschleier, der über der Insel liegt. Ein Anblick, der Lara gefallen hätte.

*Lara.*

***

Die hässlichen weißen Apparate piepten und malten fortwährend neonfarbene Kurven. Ihnen war es egal, wie sehr sie kämpfte. Es war ihnen egal, dass die Kurven mit der Zeit flacher, die Töne unregelmäßiger wurden. Dass die Kurven eines Tages in eine Gerade übergingen und das Piepen endgültig verstummte. Die Maschinen hatten kein Gefühl für die Augen, die ihn liebevoll ansahen, ungebrochen, tapfer. Bis zuletzt.

Geduldig ertrug David die Versuche von Familie und Freunden, ihn zu trösten. Höflich bedankte er sich für die Beileidsbekundungen. Aber dann kam die Phase der wohlmeinenden Ratschläge, und es wurde ihm zu viel. Hohle Phrasen, die ihm weismachen sollten, dass er stark sein musste. Dass das Leben weitergehen würde. Dass er irgendwann darüber hinwegkäme. Bevor er auch noch hätte mit anhören müssen, dass er Lara mit der Zeit vergessen würde, rannte er davon.

Er rannte und rannte, bis er nicht mehr konnte. Als er schließlich an der Bushaltestelle auf einer Bank zusammensank, war er kilometerweit gelaufen.

Die alte Frau, die sich ihm näherte, nahm er nur am Rande wahr, bis sie ihm plötzlich auf die Schulter tippte. »Ich weiß nicht, wie ich zum Bahnhof komme. Könnten Sie mir helfen?«, fragte sie mit einem fremden Akzent und deutete auf den Fahrplan.

Und von einem Moment auf den anderen verwandelte seine Trauer sich in Hass. Hass auf die Welt. Hass auf die alte Frau. Langsam hob er den Kopf, bis er ihr direkt in die Augen starrte. Erschrocken wich sie zurück.

David giftete sie an: »Ihnen helfen? Wegen eines beschissenen Fahrplans?«

Sie hielt abwehrend die Arme vor sich, während er brüllte: »Wer hat meiner toten Frau geholfen? Wer hilft mir, ohne sie weiterzuleben?« Seine Schreie gingen in ein Schluchzen über. Und dann heulte er Rotz und Wasser. Heulte, bis keine Tränen mehr kommen wollten.

Er spürte, wie sie ihm über die Wange strich. Und dann erzählte er es ihr. Schüttete ihr sein Herz aus. David redete und redete und wusste nicht einmal, ob seine Worte überhaupt einen Sinn ergaben.

Als der Bus in Richtung Bahnhof eintraf, signalisierte er ihr einzusteigen. Doch bevor sie das tat, kritzelte sie etwas auf einen Zettel und drückte ihm das Stück Papier in die Hand. Ehe er fragen konnte, was es damit auf sich hatte, war sie im Inneren des Fahrzeugs verschwunden.

David warf einen kurzen Blick auf das Papier. Es waren nur ein paar Worte in einer ihm fremden Sprache, die er nicht verstand. Kurz nachdem er es in seine Jackentasche steckte, vergaß er das Ganze bereits.

Was folgte, waren Monate der Leere, Monate ohne Sinn. Monate ohne Lara.

Es verging fast ein Jahr, bis David den Zettel zufällig wiederfand. Nach einer kurzen Recherche im Internet fand er heraus, dass es ein Buchtitel war: *Joaquim Montoya – Die Suche nach den liebenden Toten.* Er wusste nicht, wieso, aber die Worte bewegten etwas in ihm. Nach einigen weiteren Nachforschungen fand er einen unbekannten südamerikanischen Verlag, bei dem er es kaufen konnte.

Der Autor schien auf der Spur von etwas zu sein. Einem gut gehüteten Geheimnis, wie er schrieb. Dem größten von allen. Im letzten Teil des Werks berichtete er ausführlich über seine Bemühungen, eine bestimmte Stelle an einem See zu finden. Es war nicht immer leicht zu deuten, aber soweit David es verstand, ging es um eine Art Grenzbereich zwischen der Welt der Toten und der der Lebenden. Und dort sollte das Unmögliche möglich sein: der Kontakt mit denen, die man geliebt und verloren hatte.

Laut Montoyas Aufzeichnungen hatte er den See auf seinen Reisen durch Südamerika entdeckt, als er die Bräuche und Rituale der Einheimischen erforschte. Von den Ureinwohnern schien auch das Gedicht zu stammen, dessen Interpretationsversuche die letzten Kapitel des Buchs füllten. Auf einer der Seiten war Montoyas Übersetzung des Gedichts niedergeschrieben, das fortan Davids Leben bestimmen sollte:

> *Nachts am stillen See,*
> *im Licht des Vollmonds,*
> *auf der Insel der Ewigkeit,*
> *zwischen den Liebenden,*
> *werden sie erscheinen,*
> *die geliebten Toten.*

Montoyas Bericht endete ziemlich abrupt. Es blieb offen, ob er es wirklich geschafft hatte, die geheimnisvolle Stelle zu finden. Und falls ja, was er dort zu Gesicht bekommen hatte. Aber David war überzeugt davon, dass Montoyas Reise erfolgreich gewesen war. Die Hoffnung darauf gab ihm neue Kraft. Endlich hatte er wieder eine Aufgabe, ein Ziel im Leben – Lara wiederzusehen.

Es dauerte Wochen, den See zu finden. David folgte Montoyas Spur, bereiste die im Buch beschriebenen Orte, bis er mitten in der Wildnis schließlich fand, wonach er suchte: den *See der Stille*, mit seinen Dutzenden Inseln, manche nicht größer als ein paar Felsbrocken.

Die Bewohner des kleinen Dorfes am Ufer nahmen ihn freundlich auf. Er konnte sogar ein paar Karten des Sees ergattern. Anscheinend besaß jede der Inseln ihren eigenen Namen. Es gab eine *Insel der Fischer*, eine *Insel der Kinder*, eine *Insel des Waldes*, alles Mögliche war zu finden – aber diejenige aus dem Gedicht, die *Insel der Ewigkeit*, war nicht darunter.

Tagelang brütete er über den Karten, blätterte in Montoyas Buch vor und zurück, aber er fand keinen Hinweis. Bis er eines Abends am Ufer des Sees über einen toten Vogel stolperte. Als er in die leeren schwarzen Augen sah, glaubte er, das Rätsel um die *Insel der Ewigkeit* gelöst zu haben. Nur der Tod währte ewig. Es konnte also nur die Insel gemeint sein, die er schon zuvor auf einer der Karten entdeckt hatte: die *Insel der Toten*.

***

Davids Schritte werden schwerer, mühsam kämpft er sich durch das Unterholz. Die *Insel der Toten* macht ihrem Namen jetzt alle Ehre. Der Nebel ist dichter geworden, und der verschleierte Vollmond taucht die abgestorbenen Bäume vor ihm in ein düsteres Licht.

Fieberhaft überlegt er, wie er die genaue Stelle finden soll. Was könnte mit der Gedichtzeile *Zwischen den Liebenden* gemeint sein? Vielleicht geht es um ein Liebespaar, welches auf der Insel zusammen beerdigt worden war? Er sucht nach Gräbern, findet jedoch bloß ein paar moosbedeckte Steine mit verwitterten Inschriften. Aber nichts liefert ihm einen Hinweis, dass er auf der richtigen Spur ist. Stolpernd hastet er über die Insel. Vorwärts, immer weiter. Wie ein Kind, das sich im Wald verirrt hat.

***

Am nächsten Tag sitzt David zusammengesunken auf dem Dorfplatz und starrt auf den Boden seines Glases, das schon wieder leer ist. Was war gestern bloß schiefgelaufen? Er hatte die komplette Insel abgesucht. Keine Liebenden. Kein Hinweis auf den Zugang zu einer Welt der Toten. Nur ein paar alte Steine, Bäume und Felsen.

Sein Blick wandert über die Karte. Zurück zum Buch. Wieder zur Karte. Wie eine schlechte Angewohnheit, die man nicht ablegen kann. Immer wieder hallen die Worte in seinem Kopf nach: *Insel der Ewigkeit, zwischen den Liebenden.*

Ein junges Pärchen lässt sich neben ihm nieder. David bemerkt Hände, die sich berühren. Augen, die sich verliebt anschauen. Zärtliche Küsse. Er sieht das Lachen in den strahlenden Gesichtern. Sieht das Glück.

Die Lippen der jungen Frau sind jetzt ganz nah am Ohr ihres Begleiters: »Versprichst du, dass du mich immer lieben wirst?«

Es war nur ein Flüstern. Worte, die nicht für Davids Ohren bestimmt waren. Ein Teil von ihm freut sich für die beiden und ihre jugendliche Unbekümmertheit. Über den unerschütterlichen Glauben daran, dass es so etwas wie die niemals endende Liebe geben könnte. Ewige Liebe.

Es durchfährt ihn wie ein Blitz. David reißt die Augen auf, während die Erkenntnis quer durch seine Gehirnwindungen schießt. Was war er für ein Narr gewesen. *Insel der Ewigkeit.* Montoya musste den Namen absichtlich gewählt haben. Die Stelle sollte nur von jemandem gefunden werden, der in seinen Augen würdig war. Jemandem, der erkennt, dass es nicht der Tod ist, der ewig währt.

Hastig greift er nach der Karte. Es dauert nicht lange, dann hat er gefunden, wonach er sucht.

***

Erneut hat ihn das Motorengeräusch geweckt. Juans dunkle Augen erfassen das Mondlicht, welches von dem vorbeifahrenden Boot reflektiert wird. Aber irgendetwas scheint sich verändert zu haben. Die Haltung des Gringos ist jetzt entschlossener. Die Zweifel scheinen verflogen zu sein, die Hoffnung geblieben.

Als Juan sich wieder ins Bett begibt, küsst er seine Frau zärtlich auf die Stirn. Sie lächelt ihn an, das gleiche Lächeln, in das er sich vor so vielen Jahren verliebt hat. Er kuschelt sich zu ihr unter die Decke. Doch kurz bevor er wieder einschläft, passiert etwas, an das er sich am nächsten Morgen nicht mehr erinnern wird. In jenem flüchtigen Moment durchströmt ihn ein Gefühl der vollkommenen Harmonie und der Verbundenheit. Verbundenheit mit der ganzen Welt, mit allem, was ist. Verbundenheit mit dem Mann auf dem Boot. Und in diesem Moment wünscht er sich aus tiefstem Herzen, dass dieser Mann sein Ziel erreichen wird. Dass er findet, wonach er sucht, und seine Hoffnung sich erfüllen möge.

\*\*\*

Davids Augen sind auf einen winzigen Punkt gerichtet, der am Horizont nur vage erkennbar ist. Noch sind keine Einzelheiten auszumachen. Aber als das Boot näherkommt, werden die zwei riesigen Zypressen sichtbar, die auf dem Hochplateau im Westen der sonst eher kargen Insel in die Höhe ragen. Wenn der Wind durch ihre Äste streicht, scheinen sie sich zueinanderzuneigen, fast so, als ob sie sich umarmen wollten. Nur ein paar ältere Einheimische erinnern sich noch daran, dass es diese beiden uralten Bäume waren, die der Insel ihren Namen gaben: *Insel der Liebenden*.

Und während das Boot sich weiter nähert, hat David das Gefühl, dass zwischen den beiden mächtigen Stämmen ein schwaches Leuchten zu erkennen ist.

# Streik

*von Lena Neukirchen*

*Ich streike.*

Luise hatte sich klar ausgedrückt. An Streik war nichts misszuverstehen. Ein Zettel hing an der Tür, einen Bierkasten hatte sie davorgeschoben. Sie hatte sich ausgesperrt oder eher die anderen eingesperrt. Ihr gefiel der Balkon der kleinen Wohnung, in der sie schon so lange mit Mark …

Ihr gefiel ihr neues Leben. Sie saß in Decken gehüllt auf einem Stuhl, die Knie an die Brust gezogen, und beobachtete eine Spinne, die einen ihrer üblichen Streifzüge machte. Einer Nachbarin gleich, die auf Visite ging, eben bei Luise vorbeischaute und dann vielleicht die nächste Etage eroberte und danach andere besuchte. Der Gedanke, dass auch andere Menschen über oder unter ihr saßen, auf ihren eigenen Balkonen, hatte etwas Tröstendes, und diese Spinne verband sie alle miteinander. Verband Luise mit dem Leben und der Zeit, denn seltsamerweise war die Welt nicht stehen geblieben, als Luise gegangen war, obwohl es sich für sie genauso anfühlte. Die Spinne kam und ging und kam wieder, auf sie war Verlass. Doch welche Station Luise auf dieser Visite war, wusste sie nicht. Begann die Reise der Spinne bei ihr? War ihr Netz in ihrer Nähe? Danach suchen, sich über das Geländer beugen wollte sie nicht. Eines Tages würde die Spinne kommen und sie zu sich einladen, so wie sie früher mit anderen Frauen bei Kaffee und Kuchen gesessen hatte, ein Bier am Abend, Nächte durchtanzen und am Ende Mark …

»Hallo, Frau Spinne«, lenkte sie sich von ihren Gedanken ab und stellte sich vor, dass er sie durch die Tür hören konnte. Sie wusste genau, dass er wieder dort stand, die Stirn ans Glas gepresst, während sein Blick über ihr schmutziges Gesicht glitt. Dass er den Abstand zwischen ihnen maß, nur eine Scheibe und trotzdem scheinbar Welten. Er brauchte seinen Mund nicht zu öffnen, damit sie seine Worte verstand. Stumme Schreie. Stumme Bitten. *Komm zurück, Luise. Es ist nicht deine Schuld.*

Doch, das war es. Nur ihre Schuld.

Die Beine noch immer unter der Decke, stupste sie jeden Zeh an, ignorierte die langen Nägel. Sie dachte an einen alten Kinderreim und sagte ihn für die Spinne auf: »Das ist der Daumen, der schüttelt die Pflaumen.« Ihre Stimme stockte. Bilder stürzten auf sie ein. Eine kleine Faust, die sich um diesen pflaumenschüttelnden Daumen schließen könnte. Ein Brabbeln, das sich in die nächsten Verse mischen könnte. Tränen verschleierten ihren Blick. Mit den Fingern tastete sie den flachen Bauch ab, wo jetzt eigentlich eine Kugel hätte sein müssen.

Die Spinne marschierte weiter, die Wand hoch, in Richtung des dritten Stocks. Luise starrte die Mauer an. Kämpfte gegen das Schluchzen und verlor. Mark legte die Hand auf das Glas, seine Kuppen fingen jede seiner Tränen auf, mit denen er Luise auf die Scheibe schrieb. So viel Liebe, so viel Trost auf der anderen Seite der Tür, und nichts davon hatte Luise verdient. Sie wollte nicht hinsehen, und trotzdem, aus dem Augenwinkel, sah sie den Schmerz in seinem Gesicht, spürte sie die Sehnsucht in ihrer eigenen Brust, sich in seinen Armen zu vergraben. Doch es war nicht möglich, denn sie war schuld, egal was Mark behauptete.

Sie zählte die Backsteine in der Mauer. Gelb waren sie und kalt. Luise hatte sie schon oft gezählt, ebenso wie die Blätter am Baum gegenüber, dessen Zweige sie inzwischen alle kannte. Anders war der Himmel beschaffen, täglich fanden sich neue Wolkenformationen, und manchmal blieb er sogar leer, was Luise traurig machte, denn dann dachte sie nach. Mark und das Kind, niemals würden sie auf einer Wiese liegen und Schäfchen hoch über sich finden.

In ihrem Kopf hatte sie ein Tagebuch angelegt. Skizzierte dort jede Wolke. Benannte den Farbton des Himmels und beschrieb den Regen, der weich und hart sein konnte, dessen Tropfen manchmal so viel wogen wie ihre Tränen. An solchen Tagen verschwand Luise unter der Decke. Selten passierte es, dass sie ihren Kopf in den Nacken legte, den Mund aufsperrte und die Tropfen mit der Zunge fing, denn dieser Regen schmeckte nach Hoffnung, nach der Möglichkeit eines Neuanfangs. Manch andere Schauer waren scharf, erinnerten sie an unmöglich gewordene Träume. In solchen Stunden sehnte sie die Sonne herbei, niemals fühlte sie sich mutloser.

Einmal war es geschehen, da war der Regen süß und erzählte von Wasserschlachten, Pfützenspringen und Freibädern, während Luise auf dem Balkon lag und sich einweichen ließ. In ihrem mentalen Tagebuch spielte die Sonne keine Rolle, wichtig war nur, dass sie ihr den Schattenplatz auf dem Balkon gewährte. All das zählte Luise oder zählte sie eben nicht, damit ihr Blick nicht zu Mark glitt. Denn von ihm war nur einer da. An ihm dran waren zwei Arme, die sie so gut halten konnten. Der Ausdruck zweier Augen, der so viel Vergebung zeigte, dass es Luise immer schwerer fiel, nicht zu hoffen. Also beobachtete sie die Spinne, deren Beine sich nun an der Decke festhielten und die zur Außenfassade strebte. Kopfüber sein, den Gesetzen des Menschseins trotzen. Eine andere Luise hätte die Spinne dafür beneidet. Aber diese Luise war gestorben, als sie in das Flugzeug gestiegen war.

Von dem Kind hatte sie niemandem erzählt. Sie hatte ihr Leben lang auf den Fallschirmsprung gewartet. Hatte gespart. Hatte einen Kurs gemacht. Hatte einen Termin bekommen. Aber plötzlich war sie schwanger gewesen. Plötzlich stand ein Baby zwischen ihr und diesem Traum. Den Test hatte sie im Müll versteckt, hatte das Wunder in ihrem Bauch in Schweigen gehüllt. Was, wenn sie den Test nicht gemacht hätte? Wenn sie weiter die Zeichen ignoriert hätte? Dann wäre sie unwissend in das Flugzeug gestiegen, dann wäre das Kind erst geliebt worden, als es bereits nicht mehr da war.

Sie hatte ein Abenteuer mit dem Kleinen erleben wollen. »Dein erster Fallschirmsprung«, hatte sie zu ihrem Bauch gesagt. Ihr Baby war so mutig, bevor es überhaupt das Licht der Welt erblickt hatte. Doch Mut war eine zu große Emotion für ein so winziges Wesen gewesen. Gemeinsam fielen sie durch die Lüfte, und dieser Moment musste nun für immer reichen. Eine zweite Erinnerung an das Gefühl, nicht allein im Körper zu sein, würde es nicht geben. Dieser Stolz würde nicht wiederkommen.

Plötzlich war nur noch Mut im Bauch gewesen, und das Kind war fort. Das Abenteuer hatte ihre Knochen knacken, hatte eine leere Höhle zurückgelassen. Auf einmal hatte sie im Krankenhaus gelegen und war ein Fleckchen Mutlosigkeit gewesen.

Das Baby gab es nicht mehr. Was war sie jetzt? Einzig ein Körper, der gerichtet und mit Schuld beladen worden war, der sich nach etwas sehnte, von dem sie nur kurz hatte kosten dürfen.

Leer. Ausgehöhlt. Ein zerpflücktes Nest.

Sie beobachtete die Spinne. Bewunderte die schmalen Beine. Was füllte eine Spinne aus? War es Mut? War es Liebe? Luise suchte den Blick ihrer Freundin.

»Liebst du jemanden?«, fragte sie. »Ich habe mal jemanden geliebt. Und nun liebe ich nur noch dich.«

Sie versuchte sich an einem Lächeln, doch das hatte der Mut mit sich genommen. Was hatte er überhaupt noch dagelassen? Die Liebe. Sonst könnte Luise diese Spinne nicht lieben. Sonst hätte er Luise eher das Genick gebrochen, als ihr Kind zu vertilgen. Nein, der Mut liebte nicht. Er war gefräßig. Mit Zähnen an jeder Ecke und Klauen in den Zahnzwischenräumen.

Der Mut war hässlich.

»Bist du mutig?«, fragte sie die Spinne und fürchtete sich vor der Antwort. »Ich bin es mal gewesen. Aber es war ein Fehler. Wer mutig ist, kann nicht lieben. Denn der Mut möchte allein regieren, während die Liebe immer mehrere Kronen verteilt.«

Die Spinne antwortete nicht. Stattdessen erreichte sie das Ende der Decke und setzte ihren Streifzug außerhalb von Luises kleiner Welt fort. Vielleicht würde sie eine Etage höher zwei Menschen treffen, die nicht von der Schuld getrennt waren? Oder möglicherweise besuchte sie eine kleine Familie, wie sie eine hätte gründen können. Luise winkte der Spinne und legte die Hand auf den Bauch.

»Es tut mir so leid«, flüsterte sie. »So unfassbar leid.«

Luise hatte es nicht verdient, dass sie einen Platz in der Welt hatte und ihr Baby nicht. Daher war sie auf den Balkon gezogen. Sie hatte der Erde mitgeteilt, sie könnte sich ohne sie weiterdrehen. Mark sollte sie vergessen. Am besten für alle wäre es, wenn Mark eine Frau finden würde, die sich für die Liebe und gegen den Mut entscheiden würde. Obgleich sie es ihm wirklich wünschte, zog sich bei dem Gedanken, dass ihr kleines Baby ein Halbgeschwisterchen bekommen könnte, dass ein anderes Mark-Kind ein ganzes Leben haben könnte, weil seine Mutter besser aufgepasst haben würde, alles zusammen. Nein, ihr Herz sollte einfach aufhören zu schlagen, dann wären alle Probleme gelöst.

Der Mut war bereits gegangen, jetzt wollte sie, dass auch die Liebe ging, dass sie die Tränen mit sich nahm, die Erinnerungen, das Leben. Luise wollte nichts mehr fühlen. Und trotzdem wich die Liebe nicht. Freute sich jeden Tag erneut auf die Spinne. Sie machte den Besuch ihrer Freundin zum Höhepunkt ihrer Tage. Nun war sie fort, und Luise musste wieder einen Tag auf sie warten.

»Komm bitte zurück, ich möchte nicht allein sein.« Sie hörte den Vorwurf in ihrer Stimme, aber konnte ihn nicht zurücknehmen. Die Decke fiel ihr von den Schultern, als sie aufstand und der Spinne folgte. Mit wackligen Beinen stand sie am Geländer und wusste nicht weiter.

Mark war in der Zwischenzeit eingenickt. Er lehnte an der Tür, hatte die größtmögliche Nähe zu Luise gesucht und schreckte jetzt auf. Luise wollte zwar nicht, aber letztlich beobachtete sie ihn ständig aus dem Augenwinkel.

Irgendwo über ihr musste die Spinne sein, also beugte sie sich über die Grenzen ihres Reiches und suchte nach dem schwarzen Punkt.

»Du bist meine Freundin. Ich liebe dich doch. Aber du musst bei mir bleiben«, rief sie.

Plötzlich fiel etwas auf sie herab, das mehr wog als alle vergossenen Tränen zusammen. Es war der kleine, leblose Spinnenkörper, der sich in ihrem Haar verfing. Luise nahm die winzige Leiche in ihre Hände und weinte um ihre Freundin, weinte um die Liebe, die sie verlassen hatte. Alles, was ihr wichtig war, starb. Auch auf die Spinne hatte sie nicht aufpassen können. Jetzt war sie allein auf dem Balkon, ohne Hoffnung auf einen Besuch ihrer Nachbarin. Wie hatte sie das kleine Wesen lieben können, nachdem ihr Baby gestorben war? Warum konnte man nicht einfach aufhören zu lieben? Warum blieb ein Kern dieses Gefühls in einem drin, obwohl man es nicht mehr wollte?

»Ich will nicht allein sein«, flüsterte sie der Spinne zu. »Vergib mir, dass ich dich nicht beschützen konnte.«

Sie konnte nicht bleiben, denn irgendwann würde eine andere Spinne kommen, die sie lieben würde, obgleich diese immer wieder gehen würde. Gegen die Liebe hatte sie keine Chance. Aber es war jemand da, der geblieben war, trotz allem, jemand, der sie nicht verlassen hatte.

Sie legte die Hand auf dem Bauch, drehte sich zu Mark um und sagte: »Es tut mir leid.«

# Meerglasmomente

*Jennifer Otte*


*Auch nach all den Jahren*
*taucht dein Gesicht noch in meinen Träumen auf,*
*wenn ich barfuß über die Scherben lauf,*
*die dein Tod von mir hinterlassen hat*
*doch sie glänzen nicht,*
*sie scheinen matt.*
*Abgeschliffen von den Wellen der Zeit,*
*wird aus scharf glatt*
*und aus nah weit.*
*So matt und glatt*
*erinnern sie fast*
*an das Meerglas,*
*das ich am Strand mit dir fand*
*und in den Taschen nach Hause trug,*
*wo es bis zum letzten Atemzug*
*an dich erinnert,*
*und vor allem daran,*
*dass aus hart mit der Zeit sanft werden kann.*

# Die goldene Schrift
*von Yves Müller*

Das erste Mal bin ich ihm an einem schönen Wintertag in einem abgelegenen Tal im Bündnerland begegnet. Die Sonne war schon fast hinter den verschneiten Bergspitzen verschwunden gewesen, sodass ich unter meinem Umhang gefröstelt hatte. Ein feiner Schnee hatte alles mit seiner Reinheit bedeckt und die Bäume in eisige Kunstwerke verwandelt. Die Luft hatte nach Freiheit und kalter Sehnsucht gerochen.

Die Person, die ich suchte, war Tage zuvor als ein Name auf meiner Liste erschienen. In schwungvollen Schnörkeln war dieser auf dem Papier aufgetaucht wie Tausende andere vor ihm. Normalerweise erledigte ich mein Pensum schnell und ohne mich ablenken zu lassen. Die Vorbereitung lief immer ähnlich ab: Ich traf sie, manchmal plauderte ich ein wenig mit ihnen – meist oberflächlicher Small Talk, der beiden Parteien etwas unbehaglich erschien –, dann schritt ich zur Tat. Die wenigsten waren über meinen Besuch erfreut, und nur eine Handvoll pro Jahr war tatsächlich darauf vorbereitet. Fast alle versuchten, sich zu wehren und das Unausweichliche hinauszuzögern, und sei es nur für einen Moment. Aber schlussendlich mussten sie mein Erscheinen akzeptieren, weil sie wussten, dass es keine andere Möglichkeit gab.

Gelegentlich häuften sich die Aufträge so sehr, dass ich gar keine Zeit für ihre Proteste hatte, sondern mit eiskalter Schnelligkeit vorgehen musste. Allerdings war ich über den Zeitdruck nicht unglücklich. Die Ablenkung war ein großer Vorteil des Berufs; man hatte meist alle Hände voll zu tun und war überall auf der Welt unterwegs, weshalb man nicht allzu lange darüber nachdenken konnte. Und dennoch langweilte mich mein Job. Viel zu oft.

Bei diesem Auftrag war also nichts Neues zu erwarten – eigentlich.

Aber als ich ihn zum ersten Mal traf, lief es mir kalt den Rücken herunter. Im muffigen Keller einer alten Kirche beugte er sich über eine Staffelei und führte einen Stift über aufgespanntes Papier. Der Geruch dieses Ortes, eine Mischung aus verfaultem Holz und verstaubten Knochen, brannte sich tief in meine Nase ein. Im Raum herrschte eine seltsam drückende Stimmung. Sie umschwirrte mich, nebelte mich ein.

Der Gesuchte stand mitten in dieser wehmütigen Dunkelheit und malte gelassen vor sich hin. Eine Kette, die er um den Hals trug und von der ein großer, alter Schlüssel baumelte, schlug ihm im Takt seiner Bewegungen auf die Brust. Obwohl er mit seinen schwungvollen Verzierungen aus einer anderen Zeit zu stammen schien, war er blitzblank poliert und glänzte wie reines Gold. Abgesehen von diesem Schmuck war er mit seinem Allerweltsgesicht und der durchschnittlichen Statur für mich jedoch eine völlig unscheinbare Person.

Langsam näherte ich mich und blieb unschlüssig kurz vor ihm stehen. Eine Weile lang malte er seelenruhig weiter. Kurz bevor ich mich dazu entschloss, ihn anzusprechen, hob er plötzlich seinen Kopf, blickte zu mir und musterte mich mit einem verschmitzten Lächeln. Er wirkte weder überrascht noch verängstigt. Stattdessen nickte er mir zu und grüßte mich freundlich, als wäre mein Kommen das Normalste auf der Welt. Nach einer Sekunde der Stille, die sich für mich unendlich lang anfühlte, vertiefte er sich wieder in seine Arbeit. Ohne zu antworten, beobachtete ich jede seiner Handbewegungen und versuchte, mir vorzustellen, was genau er auf sein Papier zeichnete. Das Bild konnte ich nicht erkennen, da ich seitlich neben dem Künstler stand. Nach einer Weile rollte ich ungläubig meine Liste aus, um zu überprüfen, ob der Eintrag, den ich in Erinnerung hatte, tatsächlich korrekt war. Aber es war kein Fehler. Sein Name stand eindeutig da, es gab nicht den geringsten Zweifel. Und in meiner Branche gibt es keine Irrtümer. Niemals.

Als er nach einer gefühlten Ewigkeit fertig war und seine Utensilien eingepackt hatte, kam er auf mich zu und ging nah an mir vorbei. Seine Zeichnung blieb hinter seinem Rücken verborgen, aber das erschien mir auch völlig irrelevant. Immer noch wortlos stand ich mitten im Raum und beobachtete ihn, während er diese dann zusammenfaltete und in ein Kästchen steckte, das mir für diesen Zweck viel zu klein erschien. Plötzlich lächelte er und fragte mich, ob wir jetzt gehen könnten. Als er das Kistchen schloss, hörte ich ein dumpfes Klicken.

Es schien ihm nicht bewusst zu sein, wer ich war oder was ihn erwartete. Im Gegenteil: Er zeigte keinerlei Angst, sondern eher ... Neugier. Mit einem flauen Gefühl im Magen wandte ich mich von ihm ab und der Treppe zu. Gemeinsam stiegen wir sie hinauf. Schweigend. Mit jeder Stufe, die wir erklommen, wurde ich unruhiger. Es war meine Pflicht, den Auftrag zu erfüllen. Gleichzeitig hatte mich ein quälendes und bis dahin unbekanntes Gefühl gepackt. Plötzlich wollte ich warten.

Mit einer eleganten Bewegung öffnete er die Tür nach draußen. Wir durchschritten sie zusammen. Ein frischer, warmer Wind blies mir neckisch ins Gesicht. Ich erstarrte. Denn obwohl ich im Winter hierhergekommen war, lag nun kein Schnee mehr auf dem Boden. Blumen streckten ihre bunten Köpfe den vorsichtig umhertastenden Sonnenstrahlen entgegen. Junge Menschen sprangen entzückt in den Dorfbrunnen, und überall roch es nach Liebe und Leben. Wie lange waren wir in diesem Keller gewesen?

Forschend wandte ich mich wieder meinem Gegenüber zu. Seine Augen strahlten, als sein Blick meinen traf; sein Herz pochte in meiner Hand. Wieso verstand er nicht, was gleich geschehen würde? War es jugendlicher Leichtsinn, oder war er einfach naiv?

Mein Blick ruhte auf ihm. Er fragte, ob ich noch etwas unternehmen wollte, er kannte da einen netten Ort in der Nähe. Ich zögerte, denn ich musste mich entscheiden. Sollte ich die Regeln brechen? Wieso dachte ich überhaupt darüber nach? Was genau ließ mich bei ihm zögern?

Mit einem einzigen groben Ruck schob ich all meine Zweifel beiseite und nahm sein Angebot an. Langsam schlenderten wir durch das frühlingshafte Bergdorf in Richtung Sonnenuntergang. Dabei beobachtete ich die sich schließenden Blumen, hörte das Brummen der Hummeln und spürte das Leben in meinem Gegenüber. Genussvoll atmete ich die reine Luft ein und wusste intuitiv, dass es gut war, was ich tat. Ich würde warten.

Jene erste Begegnung blieb nicht unsere einzige. In der darauffolgenden Zeit verabredeten wir uns häufig. Es waren heimliche Treffen, prickelnd wie ein Sommermorgen und süß wie längst vergessener Wein.

Mit der dahinfliegenden Zeit wurde unser Umgang miteinander immer intimer. Wir lernten uns kennen – und wussten doch nichts voneinander. Es war, als wären wir schon ein Leben lang zusammen. Ich konnte jede seiner Handbewegungen erahnen, bevor er sie ausführte. Sein Gesichtsausdruck war mir so vertraut, als käme er direkt aus meiner Seele. Ich spürte seine Gedanken, wenn er mich ansah. Und dennoch blieb er mir fremd; er war das Rätsel, auf das ich so lange gewartet hatte. Er verkörperte eine geheimnisvolle Sehnsucht, die tief in mir entsprang und nun wie brodelndes Wasser hervorbrach. Die Welt hätte uns für ein ganz normales Paar halten können. Wir verschwanden in der identitätslosen Masse der Menschen um uns herum, doch wir waren anders.

Bei meinem Beruf war das Unsichtbarsein ungewöhnlich. Normalerweise fiel ich auf, stieß auf Grenzen und löste Abwehr, Angst oder sogar Hass aus. Aber immer, wenn ich mit ihm unterwegs war, wurde mir meine Existenz erträglich. Mein Dasein bekam einen Sinn, den ich nie zu erahnen gewagt hatte. Ich fühlte mich in seiner Gegenwart frei. War ich vielleicht … verliebt?

Nächtelang sinnierte ich darüber, wer er wohl war und warum er in meine Welt getreten war. Manchmal stellte ich mir vor, wie es wäre, einfach alles zu vergessen und ein normales Leben zu führen wie Millionen anderer Menschen. Vielleicht war ich ohne ihn so verbittert gewesen, weil ich mich dieser menschlichen Illusion nicht hatte hingeben können?

Am meisten faszinierte mich an ihm, dass ihm scheinbar bewusst war, dass es keinen Ausweg geben würde. Statt sich zu fürchten oder zu fliehen, machte er immer einen Schritt auf mich zu. Immer wieder betonte er, dass er keine Angst vor mir habe. Er wisse um meinen Job und sei darauf vorbereitet. Viele sagten das, doch sie logen. Ich sah es in ihren Augen. Seine hingegen waren niemals mit List oder Ablehnung gefüllt. Sie waren rein und klar wie der schönste Ozean der Welt.

So spielten wir jahrzehntelang unser Spiel mit der Welt. Langweilig wurde es mit ihm nie. Geduldig zeigte er mir, wie man wunderschöne Bilder malt, und ich nahm ihn zu meiner Arbeit mit. Dabei beobachtete er mich, mochte mich in dieser Rolle allerdings nicht. Trotzdem wollte er immer wieder mitkommen und die vielen Herausforderungen kennenlernen, mit denen ich konfrontiert wurde.

Mit der Zeit wurde unser Umgang miteinander zum Alltag. Wir lebten zusammen und gingen nur noch selten getrennte Wege. Unsere Leben verwoben sich miteinander wie Bäume, die ihre Wurzeln in den Boden schlugen. Er meinte einmal, wir seien das Königspaar aus dem alten blauen Buch mit der goldenen Schrift. Den Vergleich fand ich merkwürdig, wenn auch passend. Wir konnten nicht mehr ohneeinander existieren – und wollten es auch nicht. Ich dachte nicht, dass sich je etwas daran ändern würde, bis das Schicksal plötzlich eine unerwartete Wendung nahm.

\*\*\*

Es geschah an einem herrlichen Herbstmorgen. Ich merkte schon vor dem Frühstück, dass der Tag etwas Merkwürdiges in sich barg. Die Sterne standen in einer Konstellation wie seit langer Zeit nicht mehr; es lag eine spürbare Gefahr in der Luft. Etwas war anders. Aber was?

Von einem Moment auf den anderen fiel es mir wie Schuppen von den Augen. Nach all dieser Zeit verstand ich plötzlich, wer er war. War es eine bestimmte Bewegung, die ihn verriet? Oder hatte ich es doch schon immer geahnt? Wie hatte ich nur jahrtausendelang denken können, ich sei eine der Letzten meiner Art? Ich erinnerte mich an sämtliche meiner Aufträge, als wäre es gestern gewesen – und mit einem Mal fügten sich alle Teile meines Seins wie ein Puzzle zusammen.

Seine Hand fuhr in seine Tasche und zog langsam das Kästchen hervor, das er bei unserer ersten Begegnung bei sich trug. Er öffnete es mit dem goldenen Schlüssel, welcher nach wie vor um seinen Hals hing, und zog das darin enthaltene Papier vorsichtig hervor. Dann schaute er mir in die Seele und drückte mir wortlos die Schriftrolle in die Hand, die er bei unserem ersten Treffen gezeichnet hatte. Ich wusste sofort, was es war. Dennoch entfaltete ich sie mit zittrigen Fingern. Währenddessen lief mir der Schweiß von der Stirn und ich hörte, wie er leise murmelte, dass die Zeit gekommen sei.

Mein Herz pochte und drohte zu explodieren. Ich schluckte, schaute ihm tief in die Augen, brachte aber kein Wort heraus. In seinem Blick war zum ersten Mal etwas Neues zu sehen. Eine tiefe Wärme und Glückseligkeit. Er nahm meine Hand, wobei ich den Zettel auf den Boden fallen ließ, wo er wohl heute noch liegt. Mit großer Sorgfalt nahm er mich zärtlich in die Arme und flüsterte mir leise ins Ohr: »Ich liebe dich, meine Schwester ... Du musst jetzt mitkommen.«

Ich schloss meine Augen und folgte ihm. Er ging wortlos voran, und ich verabschiedete mich vom Leben.

Auf dem Zettel stand in einer verzierten und kunstvoll gestalteten, goldenen Frakturschrift unter meinem durchgestrichenen Namen:

*Niemand entrinnt dem heiligen G'richt*
*Denn nichts entzieht sich uns'rer Sicht*
*Was ich werde, war stets deine Pflicht*
*Was du warst und sein wirst, das bin ich.*

# Eine Woche
### von Michael Schwendinger

Sonntags nehme ich mir frei.

Auch wenn jeder Tag mit nichts gefüllt ist als dem Gewitter in meinem Kopf.

Einem steten Regen, der die Welt durchweicht, Teiche zu Ozeanen weitet, in denen ich ertrinke; dem Auge inmitten des Orkans, das in meine Seele blickt; Blitz und Donner, die beständig drohen.

Sonntags koche ich für zwei.

Keines meiner eigenen Gerichte, sondern das, was meine Liebe zubereitet hätte.

Ich stelle Teller auf den Tisch, lege Servietten und Besteck dazu. Zwei Gläser Wein, doch kein Klingen. Ich weiß, sie sieht mir dabei zu, wie ich ungelenk herumhantiere.

Ihr Zimmer – ausgeräumt und leer, kann den Anblick nicht ertragen. Als würde sie noch immer bei mir wohnen, ungebrochen bei mir sein. Eine Insel in der Ehe, nur für sie bestimmt gewesen. Einstmals voller Leben, doch versunken in den Fluten, überdeckt von schwarzer Tinte.

*Niemand hatte Schuld*, sagten sie zu mir. Ein winterreicher Morgen, die Fahrbahn nass und glitschig. Das Auto kam an einem Baum zu stehen, der Notarzt kam zu spät. *Niemand hatte Schuld.*

Montags ist ein nacktes Sein. Verwurzelt in der Starre, den Atem eingefroren in der Stille. Als leere Hülle wandle ich durch Zimmer, streife endlos durch das tote Haus.

Dienstags ruft die Pflicht. Der Drang zu putzen, aufzuräumen und zu scheuern. Auch wenn sich nichts verändert hat, ohne jeden Puls des Lebens. Stahlwollfäuste gleiten langsam über meine Haut.

Tags darauf gehe ich spazieren. Der Frühling ist am schwersten zu ertragen. Leidenschaft, wohin man blickt, samt dem Hohn von tausend Blüten, einem bunten Farbenmeer. Ohne Hoffnung kehre ich ins Haus zurück.

Donnerstags ist eine Qual. Das Bett wird meine Festung, ich wälze mich herum, bin zu nichts imstande. Kein Buch dringt bis in meinen Geiste vor, kein Lied erklingt im Zimmer, der Fernseher ist schwarz und leer.

Freitags empfange ich Besuch. Freunde sind geblieben, immer noch mit traurigen Gesichtern, obwohl ein ganzes Jahr verstrichen ist. Doch heute ist es anders: Jemand wurde mitgebracht. Sie teilt mein Leid, hat ihren Mann verloren in einer dunklen Winternacht. So reden wir und reden, vereinen unsere Schmerzen. Die Freunde gehen einer nach dem anderen, bis draußen erste Vögel zwitschern.

Diesen Samstag bin ich hin- und hergerissen. Kann ich die Erfüllung ihrer Bitte wagen? Ist es nicht zu früh, die Zeit noch nicht gekommen? Mein Blick fällt in die Leere, findet Halt am Gläserschrank. Ein Klingen weht in meine Ohren.

Sonntags koche ich für zwei.

Eines meiner eigenen Gerichte – dem Gast zu Ehren, der mein Heim betritt.

Ich stelle Teller auf den Tisch, lege Servietten und Besteck dazu. Dazu zwei Gläser, und wir stoßen miteinander an. Ein Lächeln fliegt auf ihre Lippen.

# Ohne Titel
## von Michael Georg Bregel

das glühen
das verglühen
es war nicht mehr
zu ertragen
aus der nähe
aus dem nahezu
es musste abkühlen
musste fast erkalten
damit im war
damit im weiter
von fern ein rest
von wärme bleibt

# Die Parabel vom Pogránitschnik

*von Maria Lehner*

Anatoli Grigorjewitsch Basorow ist ein Pogránitschnik, ein Grenz-wächter – seine Arbeit macht er gern, denn er sieht in Grenzen etwas Positives, Schützendes. Für alle, die hierherkommen, nimmt er sich viel Zeit. Inzwischen sind das allerdings nicht mehr viele, sodass seine Funktion immer bedeutungsloser wird: Alles wird global, unverbind-lich, undefiniert, beliebig.

Weil es so wenige sind, die ihn noch aufsuchen, kann sich Anatoli für jeden Zeit nehmen.

Hin und wieder bringt ein Bus Leute, die von Grasland nach Steinland hinüberwollen. Dann macht der Fahrer Pause, lauscht den Gesprächen und fährt anschließend zurück in die Stadt. Interessante Menschen steigen aus, manche überschreiten die Grenze, manche fahren wieder zurück. Auf ihre Fragen, die Arbeit und die Einsamkeit währenddes-sen entstanden mit der Zeit die Antworten des Pogránitschnik.

Es gibt immer wieder Leute, die den Übergang passieren, ohne ihn als etwas Besonderes wahrzunehmen; für sie ist er nichts weiter als ein Konstrukt, eine Konvention. Sie grüßen, werden registriert und pas-sieren. Das Fremde empfinden sie als vertraut oder sie sind über das Vertraute befremdet. Sie denken, dass doch alles überall das Gleiche sei und Grenzen nichts zur Sache tun würden. Was soll in Steinland anders sein – kann nicht das Neue, Andere genauso gut mittendrin in Grasland passieren? Einmal sprach der Pogránitschnik mit zwei Passagieren, die sich ausmalten, wie ein Leben denn ohne Grenzen wäre. Er würde davon profitieren, sagte der eine, denn wenn es keine Abgrenzung gäbe, würde er alles Land für sich beanspruchen, da er der Stärkere sei. Der andere war erschüttert und gab zurück: »Dann haben wohl solche Abgrenzungen auch eine Schutzfunktion – sie sollen bleiben!« Ab diesem Zeitpunkt wusste Anatoli, dass er noch lange gebraucht werden würde.

Eines Tages war der alte kittgraue, geländegängige *Buchanka*, der in der Ebene schon lange sichtbar gewesen war, fast leer. Anatoli ahnte trotzdem, vielleicht am Blick des Chauffeurs, dass dieses Mal Menschen aussteigen würden, die es ihm nicht leicht machen würden.

Drei Leute stellten sich artig vor, zwei als personifizierte Liebe und eine als personifizierter Tod. Ljubotschka und Ljubomir stiegen eng aneinandergeschmiegt aus, Anastasia hingegen hob die Hand zum Gruß. Sie war klein und verhutzelt und ging am Stock.

Die drei waren sicher, für sie gäbe es keine Grenzen. Heißt es nicht in einem alten russischen Sprichwort, die Liebe sei ein Ring, und ein Ring habe kein Ende? Und löst sich nicht auch im Tod alles auf?

Bei Anatoli Grigorjewitsch beschwerte sich der Fahrer der *Buchanka*, dass die drei geredet hätten für zehn und ihn damit von seiner Lieblingsmusik abgelenkt hätten. »Na, viel Spaß dann!«, wünschte er dem Pogránitschnik, parkte sein Fahrzeug hinter dem Grenzwärterhaus neben Anatolis *Schiguli* und aß wie immer sein Pausenbrot.

Die drei waren in eine Unterhaltung vertieft.

Ljubotschka war blass und schmal, aber sobald sie ins Reden kam, röteten sich ihre Wangen, und sie sagte: »Pogránitschnik, was für ein einsamer Posten! Sind Sie sicher, dass Ihre Grenzwacht überhaupt noch Sinn ergibt? Ist nicht inzwischen alles eins? Kann es Gemarkungen geben in Zeit und Raum? Unsere Liebe hat jedenfalls keinen Anfang und kein Ende. Wir waren immer schon Liebende, schon lange bevor wir es wussten, und unser früheres Leben war nichts anderes als die Bewegung aufeinander zu. Wozu also braucht man Sie als Grenzwächter?«

Argumente wie diese kannte er schon, und so antwortete er freundlich: »Das Grenzenlose existiert nur durch die Grenze. Ljubotschka, sagen Sie mir: Welche Farbe hat Ihre Jacke?«

»Rot!«, antwortete Ljubotschka verwirrt.

»Vielleicht.« Anatoli Grigorjewitsch lächelte. »Vielleicht aber auch nicht. Gäbe es keine Grenzen, gäbe es keine Teile, keine Ortsbezeichnungen, keine Tageszeit, keine Windrichtung, keine Namen für Farben. Wenn keine gedankliche Linie die Dinge voneinander trennen würde, verfließt alles ineinander. Also: Welche Farbe hat nun die Jacke? Und welche Farbe hätte sie, wenn es keine Grenzen gäbe?«

Ljubotschka schwieg und sah ein wenig ratlos drein.

Der Busfahrer schüttelte den Kopf und ging zurück zu seinem geländegängigen *Buchanka*; er setzte sich hinein und ließ den Motor wieder warmlaufen, was bei diesem Wetter eine Zeit lang dauern konnte. Gespräche wie diese interessierten ihn nicht, denn er zweifelte weder an Trennlinien noch an deren Sinnhaftigkeit, höchstens an der verlässlichen Funktion seiner Scheibenwaschanlage oder am Zustand seines Auspuffs. Er schaute amüsiert zum Pogránitschnik hinüber, doch der war abgelenkt.

Unterdessen ging die Unterhaltung weiter, nur Gesprächsfetzen drangen zum Fahrer hinaus: »Die Liebe – so, wie ich sie definiere«, sagte Ljubomir, »ist eben genau die Aufhebung von Grenzen; es gibt keinen Punkt, an dem ich aufhöre und an dem Ljubotschka beginnt. Wir verfließen, wir sind eins.«

Anatoli Grigorjewitsch war im Gesprächsverlauf an einem Punkt angelangt, von dem aus er argumentieren konnte, hatte er doch schon oft etwas Ähnliches gehört. »Sie definieren also, Ljubomir? Das ist gut, denn es ist eine intellektuelle Kardinaltugend. *Definitio* ist gebildet aus *De-, nämlich von etwas her*, und *-finis, die Grenze*. Das heißt, Sie ziehen eine Grenze zwischen Begriffen. Und diese Grenze ist wichtig, will man nicht durch schwammige Begriffe in die Gefahr des Aneinander-vorbei-Redens geraten. Und genau das täten Sie, gäbe es keine Grenzen!«

Ljubomir und Ljubotschka sahen einander verwirrt an.

Anastasia blinzelte mit ihren alten Augen. Sie wirkte gebrechlich mit den Plastikbeuteln in der Hand und dem dicken Schal, wie jemand, der an den Rand der Welt gespült worden ist und sich dort erst einmal zurechtfinden muss. Anatoli nahm sich vor, mit ihr besonders sanft umzugehen. Außerdem gebot es die Ehrfurcht vor dem Alter.

Plötzlich begann sie leise zu sprechen: »Der Tod ist keine Grenze, kein Widerspruch zum Leben. Eure Grenzbalken scheren mich nicht. Und da Sie gebildet sind, Pogránitschnik, wissen Sie, was mein Name bedeutet: Auferstehung. Ich werde also immer sein; jetzt so, dann anders.«

»Und unsere Namen«, fuhr Ljubomir fort, »bedeuten *Liebe*. Auch wir werden immer sein und immer ein Wir sein, ineinander verfließen.«

Anatoli Grigorjewitsch fragte: »Gilt das allgemein?«, und als die beiden nickten, nahm er Ljubotschkas warme Hand und legte sie sich an die eiskalte Wange, wickelte sich ihren langen, prächtigen Zopf um den Hals und klatschte mit seinen Händen vergnügt auf Ljubomirs Schenkel. »Wie schön! Dann bin ich jetzt also ein Teil von euch beiden und eurer unendlichen Liebe!«

Die Blicke der drei waren jetzt eine einzige Grenzbefestigung: grau, schroff, abweisend.

Anastasia schwieg und tätschelte Ljubotschka die Schulter.

»Nein«, stieß Ljubomir hervor, der sich als Erster gefasst hatte. »Unsere Liebe ist eine Übereinkunft. Sie ist gewachsen, nicht einseitig festgelegt, und sie will dem anderen Gutes, im Gegensatz zu spöttischen Eindringlingen und zu allem, was schaden will.«

Ljubotschka sagte jetzt mit fester Stimme: »Was Sie eben mit uns gemacht haben, war übergriffig. Es hatte nichts mit Entgrenzung und schon gar nichts mit Liebe zu tun, denn Liebe wurzelt tief in unserer Voraussetzung. Und Bewertung menschlichen Handelns – da geht es um Respekt vor dem anderen und der Wertschätzung.“

Der Pogránitschnik spürte, dass das Eis immer dünner wurde. Für seine Argumente musste er schon tief in seine Überzeugungskiste greifen. »Ihr nennt es Übergriff. Ich habe absichtlich eine Barriere durchbrochen, die für euch Schutzfunktion hatte, weil ich euch zeigen wollte, dass ihr innerhalb eurer Liebe sicher seid, außerhalb davon nicht – verteidigt sie also, eure Grenze, und schreitet sie ab. Macht Umwege, wenn es nötig ist, und dreht um, wenn nötig und möglich.«

Er wandte sich an Anastasia. »Und Sie, Mütterchen, glauben Sie nicht auch, dass manches unerbittlich wie eine Mauer und unüberwindlich wie ein dichter Zaun ist, dass es immer mehr Dinge gibt, die man an der Schwelle abgeben muss, während die Zeit vergeht und uns in ihre Grenzen zwingt?«

Die Sonne stand inzwischen tief am Himmel, und jetzt war es Anatoli Grigorjewitsch, den sie blendete. Er hielt sich die Hand vor die Augen und lauschte Anastasias Antwort aufmerksam. »Ja, ich bin der Tod, aber ich bin nicht unerbittlich, wie ihr sagt, sondern geradezu der Garant für Leben. Am Ende der individuellen Existenz und mit dem Verschwinden des Selbst beginnt von Neuem der Kreislauf des Lebens. Eine Abgrenzung macht nur ihr Lebenden; mit einem dicken schwarzen Strich tut ihr das wie an den Rändern der Kondolenzschreiben. Das Erleben des Sterbens anderer ruft bei euch die Gewissheit der eigenen Sterblichkeit wach. Was also könnt ihr tun? Mich möglichst ausgrenzen und Euphemismen ersinnen wie ›hinübergehen‹, ›entschlafen‹ und dergleichen, denn was nicht sein darf, wird verleugnet. Und ihr bringt euch damit um viele Chancen.« Anastasia schien mit jeder Silbe lebendiger zu werden. »Es ist nur mein individuelles, eigenartiges, eigensinniges, einmaliges Leben, das zu Ende geht. Ich ziehe mich in mich selbst zurück bis zur Entweichung des Bewusstseins. Wenn ihr euch dann in meine Arme legen könnt, ist das eine Kunst, die nicht jeder beherrscht, denn nur wer in meinem Angesicht kein Bedauern empfindet, für den kann sich ein gelungenes Leben in die unendliche Entgrenzung auflösen.«

Alle vier zweifelten nicht mehr daran, dass Trennlinien notwendig waren, dass sie aber auch verschiebbar waren, dass vor der Grenze ein Rand existierte, der von beiden – dem Alten und dem Neuen, dem Gewesenen und dem Kommenden – etwas in sich trug und auch, dass dieser Bereich zur Mitte werden konnte oder umgekehrt die Mitte nach außen rückte und Übergang wurde. Darauf einigten sie sich: dass es durchaus möglich sei, dass Abgrenzungen daher anders als bisher gedacht werden müssten; flexibel sollten sie sein, ohne tiefe Gräben auszuheben, die man dann doch nur wieder zuschütten müsste. Auch darauf einigte man sich, dass es Grenzwächter braucht, die nicht abweisen und ausweisen und einweisen, sondern die vielmehr Orientierungspunkte in der Weite des Landes sein sollen, an denen man mit Menschen wie Anatoli Grigorjewitsch Basorow ins Gespräch kommen kann.

Der Busfahrer, der sich inzwischen wieder zu ihnen gesellt hatte, sah unschlüssig auf die Uhr. »Nun sollte ich fahren. Kommt jemand mit zurück, wollt ihr hinüber oder gibt es gar kein Drüben? Mein Aufenthalt hier endet fahrplanmäß, er hat also seine Grenze erreicht.«

Die drei hatten einen Entschluss gefasst und stiegen in den Bus. Der Pogránitschnik sperrte sein Wächterhäuschen ab, nahm seine Tasche mit der Thermoskanne und ging zum verbeulten *Schiguli*, der unter einem hölzernen Vordach stand.

Sie fuhren los. Alle in die gleiche Richtung. Die Autos auf der schnurgeraden Straße wurden immer kleiner, bis sie am Horizont verschwanden.

# Für immer …

## von Tanja Amerstorfer

»Du bist so wunderschön.« Mit Tränen in den Augen betrachtete Nora ihre neugeborene Tochter. Zärtlich strich sie mit den Fingerspitzen über den zarten, blassgelben Flaum, der das noch leicht deformierte Köpfchen umgab. Sie war unsagbar erleichtert, dass dieses Würmchen in ihren Armen lebte und – entgegen den Prognosen der Ärzte – gesund war. Schmatzend umfasste das Baby ihren Zeigefinger mit seiner winzigen Hand. So kleine Fingernägel! So zerbrechlich!

Nora spürte das Verlangen, jemandem von der Geburt ihrer Tochter zu erzählen. Sie würde sich über Besuch freuen und über Glückwünsche zu diesem wundervollen Geschöpf, dem sie das Leben geschenkt hatte. Aber da war niemand. Niemand, mit dem sie die größte Freude ihres Lebens hätte teilen können.

Ihre Eltern hatten schon vor vielen Jahren den Kontakt zu ihr abgebrochen. Oder war sie es gewesen, die sich nicht mehr gemeldet und keine Anrufe mehr entgegengenommen hatte? Sie konnte es nicht mehr mit Sicherheit sagen. Und der Vater des Kindes? Er hatte sich aus dem Staub gemacht, als Nora ihm von ihrer Schwangerschaft erzählt hatte.

Kopfschüttelnd wandte sie sich wieder dem Säugling zu. »Ich werde dich nie verlassen. Egal was du tust oder welche Entscheidungen du in deinem Leben treffen wirst, ich werde immer für dich da sein. Hörst du, Kleines? Für immer!«

\*\*\*

Zwei Wochen später waren Noras Kräfte erschöpft. Sie war unsagbar müde, hatte wunde Brustwarzen und schon seit einigen Tagen nicht geduscht. Das Baby schlief kaum und wenn doch, dann höchstens aus

Erschöpfung, weil es sich wieder mal in Rage geschrien hatte. Es hatte eine schrille und fordernde Stimme – eine, die durch Mark und Bein ging. Nora verbrachte die meiste Zeit des Tages und der Nacht damit zu versuchen, das Schreien irgendwie abzustellen. Aber nichts schien zu helfen. Inzwischen hatte sie sogar das Gefühl, dass das Kind umso wütender wurde, je mehr sie es beruhigen wollte. Trotzdem hatte sie noch niemals zuvor solch eine bedingungslose Liebe empfunden wie für ihre Tochter. Sie tat alles in ihrer Macht Stehende, um den winzigen Schreihals bestmöglich zu versorgen.

***

Es wurde Winter und die Luft draußen beißend kalt. Nora hatte von dem wenigen Geld, das sie besaß, einen kuscheligen Overall für ihre Tochter gekauft. Er war aus wärmendem altrosa Loden und modisch mit Blumen bestickt. Während sie das Baby zum ersten Mal darin einpackte, schrie es in einer ohrenbetäubenden Lautstärke.

»Sch, sch, sch, meine Kleine, schon gut. Bald sind wir draußen, du wirst schon sehen. Die frische Luft wird uns beiden guttun.«

Nachdem sie das Bündel in den Kinderwagen gelegt hatte, trat sie aus der Erdgeschosswohnung in den Hausflur. Nicht mehr lange, und die Kleine würde endlich in einen Schlummer fallen.

»Ah, da sind Sie ja, Frau Ertel«, ertönte die schrille Stimme von Frau Lüdemann und ließ Nora zusammenzucken. »Sagen Sie, war denn die Fürsorge schon bei Ihnen? Wir tun im ganzen Haus ja kein Auge mehr zu, seit Sie das Kind haben. Natürlich ist es sehr schwer – so allein mit einem Kind. Und es ist keine Schande, wenn man sich das eingesteht … Dass man es nicht schafft, meine ich.«

Nora wusste nicht, was sie darauf erwidern sollte. Ohne aufzublicken, raffte sie das Deckchen fester über dem dick eingewickelten Baby zusammen und stopfte es an den Seiten nach unten.

»Wir sind alle der gleichen Meinung, Frau Ertel.« Die ältere Frau hob mahnend den Zeigefinger. »Sie sind ganz sicher nicht dazu geeignet, allein ein Kind aufzuziehen. Und man sieht ja auch, dass Sie es nicht schaffen. Na ja … Man hört es.« Sie neigte sich zur Seite und blickte kopfschüttelnd an Nora vorbei durch die offene Wohnungstür. »Also, so unordentlich, wie es bei Ihnen aussieht, wird die Fürsorge nicht lange überlegen und das Kind von jemand anderem großziehen lassen, der nicht grenzenlos überfordert ist.«

Als Nora noch immer nichts erwiderte, drehte sich die Dame schwungvoll um und setzte ihren Weg schimpfend in das nächste Stockwerk fort.

Nora betrachtete ihre zitternden Hände und schluckte schwer. Sie wusste, dass das Geschrei des Babys die Nachbarn störte, denn es war nicht das erste Mal, dass jemand sie darauf ansprach. Aber dass sie sogar daran dachten, die Fürsorge einzuschalten – damit hätte sie nicht gerechnet. »Komm, Kleines, lass uns gehen«, flüsterte sie und zog die schwere Haustür auf.

Der lange Spaziergang tat den beiden gut. Inzwischen schlief das Baby so fest, dass Nora den Kinderwagen im Vorraum der Wohnung abstellte und leise in die Küche schlich. Nachdem Nora ihren Mantel abgelegt hatte, zog sie etwas aus einer braunen Papiertüte. Sie hatte das Büchlein im Schaufenster eines Schreibwarengeschäftes gesehen und nicht widerstehen können. Vorsichtig strich sie mit den Fingern über den Samteinband. *Mein Kind* stand in goldenen, geschwungenen Lettern darauf. Sie wollte es mit glücklichen Momenten und Erinnerungen an ihr gemeinsames Leben füllen. Leise seufzte sie. Es war ein beruhigender Gedanke, dass ihre Tochter es später als Andenken an ihre Kindheit haben würde. Nora hoffte mehr als alles andere, dass diese Kindheit voll mit schönen Erlebnissen und möglichst wenigen Enttäuschungen sein würde. Und sie würde alles dafür tun, damit ihr das gelang.

***

Widerwillig steckte Ava den Schlüssel in das Schloss der Wohnungstür und drehte ihn herum. Mit dem Klacken der Bolzen wurde ihre Aufregung wieder ein wenig schlimmer. Was machte sie eigentlich hier? Warum musste sie sich darum kümmern, während sich ihr Stiefvater mit seiner neuen Freundin am Strand sonnte?

Vorsichtig stieß sie die Tür auf. Modriger Geruch schlug ihr entgegen eine Mischung aus Lavendel, Bergamotte und dem unverkennbaren Duft, den alte Leute meist an sich haben. Ohne einen Schritt hineinzusetzen, betrachtete sie den dunklen Korridor, der vor ihr lag. Der orientalische Läufer, der den Boden zierte, hatte mit Sicherheit schon bessere Zeiten gesehen. Ihr Blick fiel auf die Garderobe, unter deren Sitzbank sich fein säuberlich aneinandergereiht mehrere ähnliche Schuhpaare befanden.

Ava atmete tief ein. Sie hatte nicht viel Zeit, und wenn sie nicht bald einen Schritt über diese Schwelle des Grauens setzte, dann würde sie an diesem Tag nicht weit kommen.

»Mach schon!«, sagte sie laut und trat in die Wohnung. Nachdem sie den Lichtschalter betätigt hatte, breitete sich der lange Flur in seiner beengenden Gesamtheit vor ihr aus. Die Bilder an den Wänden waren Zeugnisse aus längst vergangenen Zeiten – hauptsächlich Urlaubsfotos, von denen heutzutage niemand mehr wusste, wo und wann sie aufgenommen worden waren. Fotos von sich selbst würde Ava hier jedenfalls vergeblich suchen – nicht, dass sie damit rechnete, welche vorzufinden. Wenigstens würde es nicht sonderlich schwer werden, die wirklich wichtigen Dinge sicherzustellen. Einer der wenigen Vorteile, die Ordnungsfreaks haben: Ihr Nachlass ist bereits sortiert.

Zaghaft schritt Ava den Vorraum entlang. Die Wohnung war klein und vermittelte ihr ein unangenehmes Gefühl. An den Geruch hatte sie sich zwar inzwischen gewöhnt, aber da war noch etwas anderes, das Unbehagen in ihr auslöste. Die Küche war ebenso perfekt aufgeräumt wie der Raum zuvor.

Ava trat an die Tür des französischen Balkons, zog sie auf und sog scharf die frische Winterluft ein. Krähen tummelten sich im Hof und erinnerten sie an das Begräbnis, das erst wenige Tage zuvor stattgefunden hatte. Kaum jemand war gekommen, denn ihre Mutter hatte sehr zurückgezogen gelebt – besonders seitdem ihr Mann sie vor einigen Jahren für eine wesentlich jüngere Frau verlassen hatte. Auch für Ava selbst war es eine große Überwindung gewesen, überhaupt hinzugehen. Mit der Gewissheit, ihrer Mutter nie wieder zu begegnen, hatte sie die quälende Zeremonie über sich ergehen lassen – mehr oder weniger als letzten Gefallen … auch wenn sie ihr absolut nichts schuldig war.

Da spürte sie ihr Handy in ihrer Gesäßtasche vibrieren. »Hi, Tim«, sagte sie leise, als wollte sie die Geister, die in diesen vier Wänden schlummerten, nicht wecken. »Nein, ich … Ich hab noch gar nicht angefangen.« Dann runzelte sie die Stirn und stemmte eine Hand in die Hüfte. »Wenn dir die Sparbücher so wichtig sind, warum bist du dann nicht hier und hilfst mir, verdammt noch mal?«

Ohne noch ein weiteres Wort von ihrem Freund abzuwarten, legte sie auf und ließ ihr Telefon wieder in ihre Jeans gleiten.

Ava trat an die Einbauküche heran und öffnete eine Schublade. »Wo bewahrt sie wohl die wichtigen Dinge auf?«, murmelte sie vor sich hin und verließ die Küche in Richtung Wohnzimmer.

Auf dem Beistelltisch neben einem dunkelgrünen Ohrensessel stand eine Tasse mit einem eingetrockneten Rest Kaffee. Daneben lagen eine Lesebrille und ein aufgeschlagenes Buch. Ihre vorsichtigen Schritte klangen gedämpft durch den Teppichboden, als sie auf den Sekretär an der gegenüberliegenden Wand zuschritt. Sie setzte sich auf den ledernen Drehstuhl und betrachtete die vielen Fotos in ihren silbernen und goldenen Rahmen, die eng aneinandergereiht auf dem dunkelbraunen Möbelstück standen. Die meisten davon zeigten ihre Mutter und ihren Stiefvater gemeinsam vor irgendwelchen Sehenswürdigkeiten posierend. Auch wenn er sie bereits vor einigen Jahren verlassen hatte, schien sie es nicht übers Herz gebracht zu haben, sich von den Fotos zu trennen.

Ava hatte nie ein sonderlich gutes Verhältnis zu ihm gehabt, trotzdem hatte sie verstanden, dass er nicht mehr mit ihrer Mutter zusammenleben konnte. Sie selbst hatte schon sehr viel früher alle Brücken zu ihr abgebrochen und sie während der letzten zwanzig Jahre weder gesehen noch gesprochen. Da fiel ihr ein Foto in einem runden Rahmen auf. Es stand zwischen zwei anderen Schnappschüssen, die das Paar vor dem Atomium und vor dem Louvre zeigten. Ava griff nach dem Foto. Ein pausbackiges Mädchen mit einer Haarschleife und einem kleinen Kuscheltier in der Hand strahlte ihr entgegen. Dieses Kätzchen … Sie erinnerte sich daran. *Schnurli*, so hatte sie es genannt. Ihre Mutter hatte also doch ein Bild von ihr behalten. Sie stellte es wieder an seinen Platz und rückte ein Stück vom Schreibtisch ab.

An seiner rechten Seite befanden sich zwei große Türen, die Ava aufzog. Neben einigen großformatigen Büchern standen mehrere beschriftete Dokumentenordner. Rechts davon lag außerdem eine dunkelbraune Holzkiste. Ava beschloss, weiter nach den Sparbüchern zu suchen. Immerhin wäre Tim erst dann zufriedengestellt, wenn diese nicht in die Erbmasse fallen würden.

Nachdem Ava alle Schubladen und Ordner vergeblich durchsucht hatte, zog sie die schwere Holzkiste zu sich. Sie wirkte abgegriffen und alt. Glücklicherweise war sie nicht verschlossen, sodass Ava den Deckel einfach aufklappen konnte. Zum Vorschein kamen Unmengen an Schwarz-Weiß-Fotos – offenbar aus der Kindheit ihrer Mutter. Und tatsächlich: Als sie eines der Bilder umdrehte, entdeckte sie auf der Rückseite den Namen *Nora*.

Ava fasste die alten Fotos zu mehreren Stapeln zusammen und legte sie beiseite. Dabei entdeckte sie vier kleine gelbe Heftchen in Plastikumschlägen.

»Bingo!«, rief sie. »Wieso sind die denn in dieser Kiste?«

Zufrieden damit, dass sie die Sparbücher doch noch gefunden hatte, stand sie auf. Es war höchste Zeit, dass sie diese Wohnung und die Schatten der Vergangenheit endlich hinter sich ließ. Nun würde sie abschließen können – mit ihrer eigenen Geschichte und vor allem mit ihrer Mutter. Sie spürte ein seltsames Gefühl des Abschieds in sich aufkeimen.

Ein letztes Mal warf sie einen Blick auf die offene Holzkiste, die vor ihr auf dem Boden stand. Etwas Rosafarbenes, Plüschiges blitzte zwischen den restlichen Fotos hervor.

»Das ist doch …« Ava kniete sich vor die Truhe und griff nach dem Stofftier, drehte das schmutzige, abgegriffene Kätzchen in ihren Händen hin und her. »Schnurli! Sie hat dich behalten?« Wieder sah sie in die Kiste. Ein weiterer Gegenstand zog ihr Interesse auf sich. Es war ein prall gefülltes Buch mit Samteinband und einer oxidierten, an wenigen Teilen noch goldenen Aufschrift. Ihre Kehle schnürte sich zu, als sie die erste Seite aufschlug und in der gestochen scharfen Handschrift ihrer Mutter las:

Unverhofft kamst du in mein Leben,
doch missen möcht' ich dich nimmer.
Alles und mehr will ich für dich geben,
nicht nur jetzt, sondern für immer.
In ewiger Liebe, deine Mutter.

# Kristallwinter

*von Silke Berke*

*Hinab ins Winterweiß*
*Im Fallen träumt sanft*
*Schwebendes Eis*
*Ruhe senkt sich nieder*
*Frosterde empfängt*
*Was der Natur gehört*
*Ein Spalt ist weit offen*
*Seelen sind aufgestört*
*Dunkelroter Samtbrokat*
*Symbole und Seidenbänder*
*Unechte Himmelslilien*
*Schwarze Geistgewänder*
*Stumme Tränenperlen*

Blicke verschwommen
Unsere irdischen Schätze
Alle fortgenommen
Granitsteinengel segnen
Erstorbene Wangen
Nebelatemzüge tauen
Erstarrung und Bangen
Mosaik aus Buntglas
Deine innere Stimme
Splitter zerbersten!
Ordnen mir die Sinne
Erkenne die Zeichen
Verbindung durch Magie
In Form von Kristallen
Vergesse dich nie
Dezemberschneeliebe …

# Der Wasserkessel
*von Uwe Berger*

Zur Küchenausstattung des Hauses Cordes zählte zwar auch ein moderner Wasserkocher, doch das Paar bevorzugte die klassische Zubereitung in einem Kessel. So hatten es die beiden Senioren über all die Jahre gehalten, und es gab keinen Grund, das für den Rest ihrer Tage noch zu ändern. Dass dies im Fall der krebskranken Susanne Cordes vielleicht nur noch ein paar Wochen oder Monate sein würden, war eine düstere Prognose, an der die beiden schwer zu tragen hatten. Umso wichtiger erschien es ihnen daher, an ihren Ritualen wie der Teezubereitung festzuhalten, und so wartete Hermann Cordes geduldig, bis das gellende Pfeifen des Wasserkessels in der ganzen Wohnung zu hören war. Statt ihn sofort zum Verstummen zu bringen, ließ er noch einige Sekunden verstreichen, bevor er ihn endlich von der Herdplatte nahm.

Mit klingenden Ohren goss er heißes Wasser in die Tassen, und während die Teebeutel wie vorgeschrieben sieben Minuten lang zogen, blickte er traurig auf den Terminkalender an der Küchenwand. Früher hatten da Termine für Hochzeiten und andere Familienfeiern gestanden, für Restaurant- und Kinobesuche, für Kohlfahrten und Ausflüge, aber seit Längerem waren nur noch Arztbesuche, Pflegezeiten und Essensanlieferungen vermerkt. Mit dem vollen Tablett betrat er den halb abgedunkelten Schlafraum, wo er von seiner erwachten Frau bereits erwartet wurde. Wie von ihm erhofft, lächelte sie ihm entgegen, denn das traditionelle Pfeifkonzert hatte seine treueste Zuhörerin einmal mehr glücklich gemacht.

Leider ließen sich ihre eingefallenen Wangen kaum übersehen, und Hermann wusste auch ohne ärztliche Diagnose, wie schlecht es seiner zum Pflegefall gewordenen Gattin auch heute wieder ging.

Er setzte sich zu Susanne ans Bett, schenkte ihnen beiden Tee ein und erwiderte ihr Lächeln, so gut er konnte. Ihm war zwar eher zum Heulen zumute, doch er wollte die ohnehin schon schwierige Situation nicht noch zusätzlich mit seinen eigenen Ängsten und Sorgen zuspitzen.

»Wie geht es dir heute, meine Liebe?«, fragte er, als würde er die Antwort nicht bereits kennen.

»Ganz gut«, behauptete sie, ihre Augenringe hingegen straften sie Lügen.

»Ilonka wird heute etwas später eintreffen«, erklärte er die Verspätung der professionellen Hilfe, die einmal am Tag bei ihnen vorbeischaute. Der Rentner konnte zwar viele Dinge im Haushalt und bei der Pflege selbst erledigen, das Umbetten war mit seinem Rücken jedoch nicht mehr zu bewältigen. Gern würde er seine Frau noch stärker unterstützen, doch seine Hilfe beschränkte sich darauf, Tag und Nacht für sie da zu sein.

Während sie beide vorsichtig den heißen Tee aus ihren Tassen schlürften, dachte Hermann an die Diskussion vor wenigen Tagen zurück, die sie mit ihrer Tochter Julia über den Umzug in ein Pflegeheim geführt hatten.

»Warum macht ihr beiden euch das Leben so unnötig schwer?«, hatte Julia gefragt. »Es gibt ganz hervorragende Seniorenresidenzen. Dort könntet ihr sogar beide wohnen und ihr hättet den Pflegedienst und die Essensversorgung gleich dabei. Also, viel praktischer geht es nun wirklich nicht mehr.«

»Wir wohnen jetzt seit über dreißig Jahren in dieser Wohnung, mein liebes Kind«, hatte Susanne müde geantwortet. »Und wenn ich bald sterbe, dann möchte ich das hier zu Hause in den eigenen vier Wänden tun und nicht in irgendeinem Altersheim, das ich kaum kenne, verstehst du?«

»Wer sagt denn, dass du bald stirbst, Mama? Du hast bestimmt noch einige Jahre zu leben, und dann müsste sich Papa nicht die ganze Zeit über mit der nicht für die Pflege geeigneten Einrichtung hier herumplagen. Denkt wenigstens noch einmal über die Residenz nach, es wäre bestimmt für alle Beteiligten besser.«

Ihre Tochter hatte zwar recht mit ihrem Einwand, doch wenn seine kranke Frau wirklich nur noch eine begrenzte Zeit zu leben hatte, dann konnte Hermann sehr gut nachvollziehen, dass ihr nicht der Sinn nach einer Veränderung stand. Bei ihm sah die Situation ähnlich aus, denn auch er saß lieber in seinem alten Fernsehsessel in ihrem eigenen Wohnzimmer als in einem Appartement, das letzten Endes ohnehin viel zu teuer für sie wäre.

Im Anschluss an das gemeinsame Teetrinken hielt sich Hermann wie üblich allein im Wohnzimmer auf und holte ein dickes Fotoalbum aus dem Schrank. Nicht um die Augen vor der bitteren Gegenwart zu verschließen, sondern weil ein Blick in unbeschwerte Zeiten in seiner Lage manchmal wohltuend war. Wann immer er die Aufnahmen mit einer gesunden Susanne betrachtete, überkam ihn große Dankbarkeit für die vielen schönen Jahre, die er mit seiner Frau hatte verbringen dürfen. Dabei wurde er jedes Mal ganz sentimental und musste sich so manche Träne aus den Augenwinkeln wischen.

Sosehr er sich auch einen gemeinsamen Lebensabend an der Seite einer nicht so schwer erkrankten Susanne wünschte, kam er doch nicht umhin, sich gedanklich mit dem baldigen Witwerdasein auseinanderzusetzen. Was hätte er auch anderes tun können?

»Versprich mir, dass du dein verbleibendes Leben nicht bloß mit Trauer um mich vergeudest!«, hatte seine Frau ihn schon vor Wochen gebeten. »Das Leben ist zu kostbar, um es auf diese Weise zu verschwenden. Natürlich darfst du traurig sein, wenn ich nicht mehr da bin, aber das sollte nicht zu sehr von dir Besitz ergreifen. Nutze deine Zeit für Dinge, die du schon immer mal machen wolltest, aber meinetwegen aufgeschoben hast!«

»Ach, Susanne, was soll ich denn ohne dich anfangen? Und welchen Sinn hätte das dann alles noch?«, hatte er sie gefragt.

»Das gilt es herauszufinden, Liebster, denn die Zeit wird schon bald kommen.«

Hermann hatte nicht das Gefühl, ihretwegen auf etwas in seinem Leben verzichtet zu haben, und für die meisten Dinge fühlte er sich jetzt ohnehin zu alt. Natürlich hatte er seiner Frau versprochen, sich Gedanken für die Zeit nach ihrem Tod zu machen, aber er bekam jedes Mal ein schlechtes Gewissen, wenn er es tat.

Er stand auf und schlich zum Schlafzimmer hinüber. Durch einen Spalt der angelehnten Tür hindurch sah Hermann Susanne schlafen. Er konnte ganz deutlich sehen, wie sich ihr Brustkorb hob und senkte. Auf und ab, auf und ab. Das beruhigte ihn ein wenig. *Lass den Tod ruhig noch ein Weilchen warten!*, dachte er.

Seine größte Sorge war allerdings, dass er nicht dabei sein könnte, wenn sie ihren letzten Atemzug tat, oder dass er den Moment an ihrer Seite verschlief.

Zwischendurch überlegte er immer wieder, welche unerfüllte Träumerei sich in seinem Alter überhaupt noch realisieren ließe, aber es schien das Hauptproblem aller Alleingelassenen zu sein, dass man für das richtige Wohlgefühl einen Partner an seiner Seite brauchte. Jemanden, mit dem man alles teilen konnte. Noch waren sie ja zu zweit, Gott sei Dank.

Leise näherte sich Hermann dem Bett seiner schlafenden Frau und nahm neben ihr Platz, während sie friedlich im Schlaf vor sich hin schnaufte. Zärtlich ergriff er eine Hand von ihr, ohne sie zu wecken.

Ihre Haut fühlte sich kühl und trocken an, und es waren viele Alters-
flecken darauf zu sehen.

Ihre Liebe füreinander bestand nun schon, seit sie sich das erste Mal an
der Uni begegnet waren. Im Laufe des Zusammenlebens hatte es zwar
Schwankungen in ihrer Zuneigung gegeben, aber das Gefühl, füreinander bestimmt zu sein und niemals mehr ohne den anderen sein zu wollen, war immer präsent gewesen, und das bis heute. Der Anblick seiner
kranken Frau dort in ihrem Bett zerriss ihm fast das Herz. Wie groß
würde der Schmerz erst werden, wenn sie von ihm gegangen sein würde?

Hermann spürte erneut Tränen in seinen Augen brennen. Angst
spielte in seiner Gefühlslage eine wesentliche Rolle. Angst vorm Alleinsein. Aber auch Angst, Susannes Wunsch nach einem sinnvoll genutz-
ten Weiterleben ohne sie nicht gerecht zu werden. Wo sollte er die
Kraft dafür nur hernehmen?

Er hauchte Susanne einen Kuss auf den Handrücken, spürte ihre
Nähe und die Verbundenheit zwischen ihnen. Was würde davon bleiben? Er würde sie ganz gewiss immer lieben, auch nach ihrem Tod,
aber wie wäre das dann? Würden sie einander noch spüren können?
Würden sie vielleicht auf einer spirituellen Ebene miteinander kom-
munizieren können? Oder war das alles nur das Wunschdenken eines
mit dem Verlust des Partners konfrontierten Menschen?

Hermann war so sehr mit der Bewältigung seiner eigenen Ängste
beschäftigt, dass er zuerst gar nicht bemerkte, dass Susanne mittlerweile aufgewacht war und ihn ansah.

»Bist du schon lange wach?«, fragte er sie.

»Lange genug, um zu sehen, dass du dir große Sorgen machst«, sagte
sie. »Aber das brauchst du nicht. Es ist alles geregelt: Patientenverfü-
gung, Testament, Beisetzung und Trauerfeier. Ich glaube, wir haben
wirklich an alles gedacht.«

»Das ist es nicht, was mir Sorgen bereitet.«

Susanne nahm seine Hände, einen wissenden Ausdruck in den Augen. »Wir werden immer zusammen sein«, flüsterte sie. »Wir sind unzertrennlich. Eigentlich ist die Textzeile *Bis dass der Tod euch scheidet* deutlich zu kurz gedacht, meinst du nicht auch?«

»Ich liebe dich«, sagte er mit brechender Stimme.

»Ich dich auch«, antwortete sie und legte in diesen Satz all die Wärme, die ihr verblieben war.

Plötzlich erinnerte sich Hermann an eine Szene aus einem Liebesfilm. »Ich würde dich jetzt gerne umarmen«, sagte er. »So wie in der Krankenhausszene am Ende des Films *Love Story*.«

»Nur zu!«, ermunterte Susanne ihn. »Komm her zu mir!«

Umständlich krabbelte Hermann zu seiner Frau ins Bett, und sie umarmten sich wie im Film.

***

Dreieinhalb Monate später verstarb Susanne. Und dem Witwer war es, genau wie er es die ganze Zeit über bereits befürchtet hatte, nicht vergönnt, ihren letzten Atemzug zu erleben, weil er nämlich tief und fest neben ihr geschlafen hatte. Als er nach seinem Erwachen den Tod seiner Frau realisierte, berührte er ihre erkaltete Hand und blieb regungslos neben ihr liegen. In dieser Haltung verharrte er und weinte so lange, bis er der Meinung war, über keinen einzigen Tropfen Tränenflüssigkeit mehr zu verfügen. Dann stand er auf, ging zum Telefon und rief den Hausarzt an. Danach betrat er die Küche und setzte den Wasserkessel auf. Als der Dampf schließlich die Pfeife durchströmte und das schrille Geräusch die ganze Wohnung durchdrang, blieb er trotz des infernalischen Lärms regungslos auf seinem Küchenstuhl sitzen. Nicht nur, bis von allein wieder Ruhe eingekehrt war, sondern noch darüber hinaus, bis der Boden unter der Wirkung der Gasflamme nachgab und ein Loch ins Utensil gebrannt war.

Der Bestatter wunderte sich beim Gespräch mit dem Wittwer nicht, als dieser ihm den kaputten Kessel überreichte. Er war schon sehr lange im Geschäft, und es wurden in seinem Berufsleben weit ungewöhnlichere Wünsche für Grabbeigaben an ihn herangetragen. Wegen der gesetzlichen Bestimmungen musste er das Ansinnen des Trauernden jedoch verwehren, aber er riet ihm, den Gegenstand als Dekoration auf dem Grab zu verwenden.

Nach der Beerdigung kehrte Hermann am Ende eines langen Trauertages nach Hause zurück und bereitete für sich allein einen Tee zu. Fortan mit dem bis dahin nahezu ungenutzten Wasserkocher, denn das Zeitalter des Wasserkessels war nun unwiderruflich zu Ende gegangen.

# Madison
*Nina Heyer*

Die Hütte befand sich direkt an der Baumgrenze. Von der schmalen Holzterrasse aus blickte man hinaus auf die staubige Weite, die nur hier und da von niedrigen Felshügeln oder Schutt durchbrochen wurde. Eine lebensfeindliche Wüste, deren trockener Schmutz sich an allem festsetzte und das Atmen zu einer Qual werden ließ. Der Wald begann fast direkt hinter der Hauswand, was zumindest während des Nachmittags Schatten spendete und eine Zuflucht vor den Strahlen der Sonne bot, die gnadenlos alles Lebende versengten. Der Wald selbst war so gut wie undurchdringlich und bestand aus kargen Nadelbäumen mit dicken Stämmen, die sich wie Finger durch das Erdreich bohrten. Tatsächlich hatten die Bäume etwas Fleischiges an sich, obwohl sie nur aus trockenem, fast weißem Holz bestanden, das bei Berührung eher an Stein erinnerte. Etwas anderes wuchs hier nicht mehr. Es gab nur noch wenige Baum- und Flechtenarten, die der Trockenheit standhalten konnten, und selbst deren Bestände gingen rasant zurück. Das Leben verlor den Kampf.

Die Hütte bestand aus groben Steinblöcken und Holz. Einen Schornstein gab es nicht, denn bei der Hitze würde niemand freiwillig ein Feuer entzünden. Nahe der linken Außenwand befand sich der Brunnen, der vor Jahrzehnten viele Meter tief in den harten Boden getrieben worden war und die einsame Bewohnerin mit Wasser versorgte. Mit jedem Jahr ging der Ertrag mehr zurück, sodass Madison das Baden einschränkte und schließlich ganz aussetzte, in dem kleinen Garten immer mehr Gemüsepflanzen verdorrten, bis schließlich nur noch Staub und ein grob zusammengezimmerter Holzzaun übrig waren und die Schmutzwäsche nur noch gelüftet werden konnte.

Zum Trinken stand ihr noch ungefähr ein dreiviertel Liter täglich zur Verfügung. Essbares war rar geworden. Schaben, Spinnentiere und Flechten hatten sich immerhin so weit an die widrigen Bedingungen angepasst, dass man sie züchten und verarbeiten konnte. Bis vor ein paar Jahren hatte es noch regelmäßige Lieferungen von getrocknetem Schweinefleisch gegeben, das aus der Zuchtfabrik in die verstreuten Siedlungen transportiert worden war, aber entweder war die Fabrik leergelaufen oder die Auslieferung wurde durch fehlenden Kraftstoff verhindert. Vielleicht waren die Mitarbeiter auch einfach alt geworden und verstorben, ohne jemanden zu hinterlassen, der ihre Nachfolge hätte antreten können. Irgendwann kam einfach niemand mehr.

Madison leckte sich über die trockenen Lippen, während sie grub. Das Loch im Boden der Hütte war fast einen Meter tief und maß achtzig mal einhundertsiebzig Zentimeter. Die Seiten wurden von Holzbrettern gestützt, damit sie nicht einbrachen und ihre schwere Arbeit wieder zunichtemachten. Die ausgehobene Erde sammelte Madison auf einem großen Leinentuch, das sie regelmäßig hinausschleppte, um es vor der Tür auszuschütten. Sie arbeitete in der Nacht, wenn es ein paar Grad kühler war, im Schein des Mondes und einer schwachen Lampe. Ihre Hände waren mit Schwielen übersät, und feiner Staub bedeckte jeden Zentimeter ihres Körpers und des ehemals grauen Leinenkleides, das sie trug. Die Haare waren ihr schon vor langer Zeit ausgefallen, aber das fand sie nicht weiter schlimm. Ihr Rücken schmerzte von der Arbeit. Trotzdem machte sie weiter.

Nach einer Weile setzte sie sich für ein paar Minuten draußen auf einen Felsblock, sah hinauf zur Milchstraße, die ihr breites Band über den Himmel zog, und fragte sich, ob es in der unendlichen Stille und Kälte dort draußen doch noch einen Funken Leben gab. Ihre Pause währte jedoch nur kurz, denn ihre Gedanken drängten sie zur Arbeit.

Sie konnte spüren, wie die Zeit verrann, und der Frust wurde größer, je schwächer sie wurde. Nach ein paar Stunden war sie so erschöpft, dass sie es gerade noch schaffte, sich zu ihrem Bett zu schleppen.

*** 

Madison erwachte, als die ersten Sonnenstrahlen über den Horizont krochen. Sie schwankte, als sie sich erhob, und hielt sich eine Minute lang am Bettrahmen fest. Der staubige Spiegel schien ihr von Falten zerfurchtes Gesicht zu verhöhnen. Sie nahm ihn von der Wand, öffnete die Tür und warf ihn hinaus. Er zerbrach auf einem Stein, und die Scherben warfen das grelle Licht tausendfach in alle Richtungen.

Im Zwielicht der Hütte inspizierte Madison ihr Projekt. War ein Meter tief genug? Sollte sie weitergraben? Wenn das Ende kam, würde sie einen Zettel hinterlassen müssen. Falls eines Tages doch jemand vorbeikam, müsste er das Loch über ihr zuschütten. Sie setzte sich an den Tisch und trank in kleinen Schlucken Wasser aus einem Metallbecher. Sand knirschte zwischen ihren Zähnen.

Es klopfte an der Tür, aber Madison ignorierte es. Niemand kam je hier vorbei. Sie legte sich wieder auf ihr Bett und schlief ein.

*** 

»Ich habe hier Licht gesehen. Ich wollte nicht stören. Brauchen Sie vielleicht Hilfe?«

Mit Mühe erhob Madison sich, öffnete die Tür und starrte den Fremden an, der vor ihr stand. Die Sonne ging gerade unter, und sie fragte sich, ob sie inzwischen jegliches Zeitgefühl verloren hatte.

»Was wollen Sie?« Ihre Stimme klang rau, und sie musste husten.

Der Fremde näherte sich zögerlich und reichte ihr den Becher, den sie auf dem Tisch hatte stehen lassen. Der Großteil des Wassers war verdunstet, und die paar verbliebenen Tropfen schmeckten nach Staub.

»Ich komme von der anderen Seite. Ich habe Ihre Lichtsignale gesehen. Sie müssen von dem kaputten Spiegel draußen stammen, aber ich dachte, Sie morsen SOS.« Ein entschuldigendes Lächeln ließ das Gesicht des Fremden jünger wirken, obwohl auch seine Haut von tiefen Falten durchzogen war. Sein dunkles Haar schien vom Staub fast blond gefärbt.

»Von der anderen Seite?«, krächzte Madison.

»Der Ebene.«

»Dann sind Sie sehr weit gelaufen.«

Der Fremde zuckte mit den Schultern. Er sah sich um. Sein Blick blieb an dem Loch im Boden hängen. Madison war es fast peinlich, dass ein ihr völlig Unbekannter Einblick in so etwas Privates erhaschte. Sie spürte den Drang, sich zu rechtfertigen.

»Ich will nicht dort draußen in der Sonne liegen, wenn es so weit ist. Ich will in die Erde, so wie man es früher gemacht hat. Ich werde einen Zettel schreiben. Wer mich findet, darf die Hütte haben. Er soll nur das Loch über mir zuschaufeln.«

»Sie denken wirklich sehr praktisch, was?«

»Was bleibt einem sonst übrig?«

Sie schwiegen eine Weile. Madison versuchte, den Fremden unauffällig zu mustern, aber immer wieder verschwamm ihr Blick. Der Raum drehte sich, und sie schaffte es nur mit Mühe, sich wieder auf ihrem Bett auszustrecken. Der Fremde beugte sich über sie.

»Ruhen Sie sich aus. Ich werde Wasser holen.« Bevor Madison ihm sagen konnte, dass der Brunnen leer war, schlief sie ein.

∗∗∗

Durch einen Schlitz in den Vorhängen konnte Madison die Sterne funkeln sehen. Etwas Schweres bedeckte ihre Stirn, und sie griff danach. Ein feuchtes Tuch. Sie führte es zum Mund und saugte daran. Jemand hob ihren Kopf an und half ihr, aus dem Metallbecher zu trinken. Das Wasser schmeckte süß und frisch – solches Wasser hatte sie zuletzt in ihrer Kindheit getrunken. Sie ließ den Kopf zurück auf das Kissen sinken und blickte zu der dunklen Gestalt des Fremden empor. Eine Gänsehaut fuhr über ihre Arme, und einen Moment lang empfand sie schreckliche Angst. Dann strich eine weiche Hand sanft über ihre Wange, und der Mann flüsterte: »Fürchte dich nicht, Madison. Ich helfe dir auf deinem Weg.«

Madison dachte: *Woher kennt er meinen Namen?*

Der Fremde lächelte und sagte: »Ich kenne alle Namen.«

Madison drehte den Kopf zur Seite und fragte sich, ob sie es noch bis zum Loch schaffen würde.

»Keine Sorge.« Die Stimme des Fremden war sanft und tröstend. »Ich kümmere mich um alles. Schlaf jetzt, Madison.«

Während er ihre Hand hielt, schlief Madison ein.

\*\*\*

Die Sonne ging auf und versengte die staubige Ebene. Kein Windhauch war zu spüren – kaum ein Lebewesen zu sehen. Nur eine winzige Schabe krabbelte eilig unter der Tür der einsamen Hütte hindurch. Sie kletterte am Tischbein empor und machte sich auf die Suche nach Krümeln, die vielleicht jemand hinterlassen haben könnte. Ein leichter Geruch nach Verwesung lag in der Luft, aber das störte die Schabe nicht.

# Zusammenkunft von Liebe und Tod
# an einem Tag im August
### von Michael Döding

Im Hause mit dem Namen *Nasz Dom*, was im Polnischen *unser Haus* bedeutet, in einem Vorort von Warschau gelegen, wohnte die Liebe in Person, sagten die Leute. *Die personifizierte Güte sind die beiden, die dem Haus vorstehen.* So war die einhellige Meinung aller, die sie kannten.

Janusz und Stefania kümmerten sich rührend um dort lebende Waisenkinder, denen dank ihrer ein liebevolles Heim geboten wurde. All ihre Fürsorge und Zuwendung ließen sie ihnen zuteilwerden. Das Paar betrieb ein Haus für rund 200 Kinder, und es hätte keine Besseren für das Wirken der Liebe geben können.

An einem Sommertag im August suchte ein Vertreter des Todes in Person, ein Mann der SS, die beiden, welche die Liebe verkörperten, in deren Haus auf.

Forschen Schrittes und mit dem unmissverständlichen Erkennungszeichen in Form eines Totenkopfes auf der Dienstmütze seiner Uniform entstieg dieser einer Limousine.

Er trat durch die offene Tür des Hauptportals ein und sagte unvermittelt zu den Anwesenden: »Ich mag Kinder sehr«, griff sodann in die Innentasche seiner Jacke und holte ein Foto heraus. »Ich habe selbst zwei, sehen Sie. Einen Jungen und ein Mädchen. Sie sind mein ganzer Stolz.«

Die beiden Haushaltsvorstehenden schauten wohlwollend auf die Fotografie. »Nun aber zum Grund meines Besuches. Es geht um Ihre Kinder. Also, besser gesagt, um die in Ihrer Obhut befindlichen.«

»Haben sie etwas angestellt?«, wollten die Pflegeeltern wissen.

»Nein, nein«, versicherte der Handlanger des Todes, »Sie haben ganz brave Kinder wie die meinen. Es ist nur so, es handelt sich bei diesen Exemplaren um Untermenschen, Schädlinge des Volkskörpers, Feinde des Reiches. Zwar Kinder wie meine, aber Juden eben. Und diese sind laut Aktionsplan zur Endlösung der Judenfrage zu entsorgen. Deshalb bin ich gekommen, um sie mitzunehmen und ihrer Bestimmung zuzuführen. Seien Sie versichert: Es hat alles seine Ordnung. Selbstverständlich erhalten Sie eine Übernahmequittung. Ordnung muss sein! Ihre Verpflichtungen und Ihre sicherlich liebevolle Fürsorge gegenüber den Kleinen enden jedoch hiermit.«

Eine gewisse Fassungslosigkeit war den beiden anzusehen. Janusz und Stefania erkannten in ihrem Gegenüber das gänzliche Gegenteil von sich.

*Das absolut Böse, gekommen, um uns des Guten zu berauben!*, durchfuhr es sie.

So standen sie sich gegenüber, die Liebe und der Tod.

Janusz und Stefania und der Vertreter der SS blickten einander an.

Nach einer Weile fuhr der Mann fort: »Ich tue nur meine Pflicht. Ganz wie es mein Eid, den ich auf den Führer geschworen habe, von mir verlangt.«

Er spielte seinen Schwur wie einen Trumpf zur Rechtfertigung seines Tuns aus und war sichtlich irritiert, als die Liebe entgegnete, dass auch sie ein Versprechen gab, an das sie sich gebunden fühlte.

»An guten wie an schlechten Tagen waren wir bei den Kindern. So lassen Sie uns auch am dunkelsten Tag mit ihnen gehen«, baten Janusz und Stefania, nachdem sie sich angesehen hatten und erkannten, dass es kein Entkommen gab.

»In diesem Fall wird das Schicksal der Kinder auch das Ihre sein«, gab ihr Gegenüber zu bedenken.

Wissend, dass ihnen der sichere Tod bevorstand, nickte das Paar.

Der Offizier der Waffen-SS zögerte, denn der Beschluss zur Deportation der Waisenhausbewohner sah die beiden Heimleiter nicht vor. Darin war ausschließlich von ihren Schützlingen die Rede. Nur diese sollten der Vernichtung zugeführt werden. Solche wie die des Mannes der SS, die aber glücklicherweise nicht zu Untermenschen erklärt worden waren, sondern per Beschluss der Reichsführung der *Herrenrasse* angehörten. Dies hatte er bürokratisch korrekt sogar in Form eines Ariernachweises schriftlich bescheinigt bekommen. Andernfalls wäre er niemals in die SS aufgenommen worden, wäre es nicht würdig, seine Uniform zu tragen, die ihn als *Herrenmenschen* auswies, zu etwas Besonderem machte. Kleider machten eben Leute. Ja, die Uniform machte etwas mit ihm. Sie gab ihm Macht, war Balsam für seine Eitelkeit. Ohne diese Uniform könnte man ihn, den *Herrenmenschen*, schwerlich von einem *Untermenschen* unterscheiden. Zwar mag menschliches Blut immer rot sein, doch *Untermenschen* wurden mittels eines gelben Sterns zur eindeutigen Unterscheidung gekennzeichnet. Der Wille des Führers – bei genauerer Betrachtung selbst kein blonder und blauäugiger Prototyp eines idealen Ariers – war diesbezüglich eindeutig.

»Nun gut. Wenn Sie es so wünschen. Bei genauer Betrachtung ist eine Begleitung durch Vertrauenspersonen zur Vermeidung unnötiger Unruhe in dieser Angelegenheit sicher dienlich. Eine geordnete Überführung dürfte im Interesse aller sein. Abmarsch ist dann morgen früh. Ich möchte Sie nunmehr auch nicht länger aufhalten, denn Sie haben sicher einiges vorzubereiten. Ein wenig Proviant für den Weg und was man Kindern eben so mitgibt. Aber nur leichtes Gepäck, bitte.«

Mit diesen Worten wandte er sich um, verließ das Haus forschen Schrittes und bestieg die wartende Limousine.

Zurück ließ er Angst. Eine unbeschreibliche Furcht, wie sie einst selbst einen Jesus von Nazareth im Angesicht seiner bevorstehenden Hinrichtung Blut schwitzen ließ.

Darum bemüht, sich diese Angst nicht anmerken zu lassen und die Kinder nicht zu beunruhigen, erzählten Janusz und Stefania ihnen, gleich einer Verheißung auf ein Paradies, dass ein wundervoller Ausflug bevorstünde.

Diesen traten sie am nächsten Tag an. Im Beisein ihrer Betreuer und flankiert von Uniformierten der Besatzungsmacht setzte sich die Kolonne in Bewegung. Eine fröhliche Gesellschaft, singend und lachend. Wie das pure Leben anmutend. Für manchen Passanten gleich einem Sonnenstrahl, die Tristesse des Ghetto-Alltags erhellend. Und doch ahnte wohl jeder, dass es nicht war, wonach es aussah, denn eine Eskorte der SS verhieß nichts Gutes. Die Kinder schienen keinen Argwohn zu hegen, ahnten nicht, was ihnen bevorstand. Selbst dann nicht, als triste Baracken in Sichtweite kamen, denn Janusz und Stefania hatten ihnen gesagt, dass diese die Umkleiden mit Duschen seien, die dem See, in dem sie schwimmen würden, vorgelagert wären. Bis zum letzten Augenblick hielten sie die Kinder in einer wundervollen Illusion, bis der unvermeidliche Moment des Schreckens über sie kam. Statt Wasser strömte von der Raumdecke tödliches Zyklon-Gas über die Kinder und ihre Vertrauenspersonen, nahm ihnen die Luft zum Atmen, ließ Angst und Panik aufkommen, sie zu Boden gehen, schnürte ihre Kehlen mehr und mehr zu, tötete sie. Ein Albtraum.

*\*\**

So geschah es im August 1942. Aber der Tod von Janusz, Stefania und den Kindern war nicht einfach ein Ende, sondern die Wende, der Beginn der Ewigkeit.

Der Tod war die Befreiung von dem Übel der Nationalsozialisten, das Ende aller Ausgrenzung und Stigmatisierung, die sie erfuhren. Der Tod versetzte sie in jene Ruhe zurück, in der sie lagen, ehe sie geboren wurden.

Im Diesseits nahmen die Dinge, das Leben, ihren weiteren Lauf. Der August verging, machte Platz für den September; und am Horizont des Kalenders zeichnete sich das kommende Weihnachtsfest ab, der Geburt des Juden Jesus gewidmet. Eine Zeit der Liebe, leuchtender Kinderaugen. Behütete, wohlige Monate, auf die sich auch der Mann der SS, an seine Lieben und Kinder denkend, freute, denn Weihnachten mochte er sehr.

Den Geschehnissen der ehemaligen Bewohner des Hauses *Nasz Dom*, des Todes und der Liebe zu Ehren, wurde in *Yad Vashem* ein Denkmal mit einer Inschrift gesetzt: »Janusz Korczak und Stefania Wilczynska, Deportation von ca. 200 Waisenkindern aus dem Warschauer Ghetto nach Treblinka.«

# Gefährten und Diebe

*von Natalie Obendorfer*

*Was ist die Liebe?*
*Wer ist der Tod?*
*Sie überdauert ihn.*
*Doch kann nie halten,*
*was er sich ohne Zögern nimmt.*
*Sie sind sich gegenseitig Diebe*
*und Gefährten*
*in demselben Spiel, das*
*der Mensch Leben nennt.*
*Die beiden eint*
*ihre Ewigkeit.*
*Ihr unaufhörlich Dasein*
*in allen Dingen*
*dieser Welt*
*und weiterer noch.*
*Die beiden eint*
*ihre Unbegreiflichkeit.*
*Ihr ständig Werden aller Erscheinungen*
*von einer anderen Welt*
*in dieser*
*in jener,*
*die der Mensch*
*die seine nennt. Die beiden trennt*
*ihre Unendlichkeit.*
*Weil die Liebe immer wieder da beginnt,*
*wo er sein Werk zu Ende hat vollzogen*

*an dem, der*
*neben einem Toten*
*und mit ihm auch*
*zu leben hat die Welt.*
*Die beiden trennt*
*ihre Unfassbarkeit,*
*weil der Tod im Verborgenen*
*sein kostbares Geheimnis hält*
*für vorbestimmte Spieler.*
*Die Liebe selbst sich offenbart*
*für alle, die*
*sie wirklich sehen*
*in der Welt,*
*die das Leben selbst*
*Spiel nennt.*
*Was sind die beiden sich?*
*Der Tod der Liebe*
*Und sie ihm.*
*Sie sind sich Diebe*
*oder Gefährten in demselben Spiel,*
*das göttlich ist,*
*das Leben heißt,*
*das alles eint, und nur der Mensch allein*
*trennt.*
*Trennt,*
*weil er nicht weiß:*
*Wer ist die Liebe?*
*Was ist der Tod?*

# Bald ein Jahr
## *von Ben Berlin*

»Georg, wach auf, ich kann nicht schlafen.«

»Ich bin wach. Ich bin wach.«

»Wie kannst du nur immer so seelenruhig die ganze Nacht durchschlafen?«

»Was hast du denn?«

»Du weißt genau, was ich hab! Tu nicht immer so, als wüsstest du's nicht!«

»Ja. Ich weiß.«

»Kannst du … Kannst du bitte das Fenster zumachen? Mir ist kalt.«

Schlapp vor sich hertrottend stand Georg auf und sah verdutzt zu seiner Frau, die in einer Art embryonaler Haltung unter ihrer Bettdecke kauerte. »Draußen sind es zwanzig Grad, ich weiß nicht …«

»Machst du's bitte einfach?«

Einen Augenblick lang lehnte er am Fenster. Es musste die ganze Nacht über geregnet haben. Die Luft war klamm und feucht, und auf den nassen Straßen spiegelte sich das kalte, dumpfe Licht der Laternen. Mit einem leisen Seufzen schloss er das Fenster.

Als er sich wieder zu ihr legte, sah er im Halbdunkel, wie sie wimmernd unter ihrer Decke zitterte. Sie so zu sehen, machte ihm mehr zu schaffen als alle seine körperlichen Gebrechen zusammen. Wie zum Beweis begann sein Tinnitus zu pfeifen.

Sich das Ohr reibend rollte er sich auf die noch kalte Seite des Bettes und schloss die müden Augen. Renate schniefte in seinem Rücken. So war es jetzt jede Nacht. Wie viel konnte ein Mensch ertragen, bevor es ihn zerbrach? Er hatte Angst, die Antwort darauf herauszufinden, wenn er sich jetzt umdrehte.

Am nächsten Morgen saßen sie, ohne ein Wort zu sagen, in der Küche und starrten vor sich hin. Das hieß, Renate beobachtete ihren Mann über ihre Zeitung hinweg dabei, wie er angestrengt versuchte, mit seinen schlechten Augen etwas auf dem Handydisplay zu erkennen.

Sie blätterte um. Geräuschvoll knisterte das Papier zwischen ihren schlanken Fingern. Aber es fiel ihr schwer, sich zu konzentrieren. Der Druck in ihrem Kopf war schon wieder erstarkt, ihre Schläfen fest im Schraubstock der Migräne eingespannt.

Georg blinzelte lächelnd in ihre Richtung. »Du weißt schon, dass die Nachrichten hier drin viel aktueller sind als die in deiner losen Blättersammlung da, oder?«

Sie lächelte nicht zurück. Achselzuckend sah sie zur Seite und fühlte die wärmenden Strahlen der Morgensonne auf ihren nackten Schultern wie einen vorwurfsvollen Blick. Um diesem auszuweichen, stand sie auf und warf zwei Eier in die kleine Pfanne. In der Hoffnung, sich in ihrer Alltagsroutine verlieren zu können, holte sie das gute Porzellan mit den Ornamenten und dem Goldrand aus dem Schrank. Doch dabei stockte sie plötzlich in der Bewegung, schluckte. Ihre Kehle wurde staubtrocken. Mit einem Mal fühlte sie sich so schwach auf den Beinen, als würde sie jeden Moment in Ohnmacht fallen. Ein giftiger Gedanke durchzuckte ihren vor Schmerz pochenden Kopf. Bald ein Jahr war es nun her. Sie schüttelte den Kopf.

Es war dieses Geschirr! Wie sehr ihr dieser Kitsch heute zuwider war, der ihr früher noch derart viel bedeutet hatte! Jetzt kam es ihr so hässlich vor, wie einem anachronistischen Menschen ein modernes Gemälde vorkommen musste.

Mit bleiernen Bewegungen tischte sie die Teller auf und goss den Kaffee in die Tassen. Doch als sie sich umdrehte und die Wassermelone auf der Ecktheke an der Seite aufschneiden wollte – viel mehr bekam sie morgens nicht mehr herunter –, erstarrte sie erneut. Von einer Sekunde auf die andere konnte sie nicht einmal mehr genug Kraft aufbringen, um die Schale der Frucht auch nur anzukratzen. Ihr war, als hätte sie just in diesem Augenblick den endlosen Kampf gegen das verfluchte Universum mit seiner nicht enden wollenden Sinfonie aus Hoffnungslosigkeit und Leid verloren, der ihr alle Kräfte raubte.

Als sie so gedankenverloren in der Küche stand, das Messer regungslos in der Hand haltend, betrachtete Georg aus dem Augenwinkel ihre Gesichtszüge. Vor nicht allzu langer Zeit waren sie noch so weich und fest gewesen wie in ihrer gemeinsamen Jugend. Doch nun hatten sich in ihnen die Sorgen verfangen wie eine Fliege im Spinnennetz. Wann hatte er sie eigentlich das letzte Mal lächeln gesehen, geschweige denn von einem Ohr zum anderen lachen? Er wusste es nicht mehr. Das Einzige, das er sicher wusste, war, dass er sicher bereits vergessen hätte, wie es aussah, wenn sie fröhlich war, wenn sie früher nicht so viele Fotos voneinander gemacht hätten. Aber was nützte es, sich darüber den Kopf zu zerbrechen? Alles, was er tun konnte, war, weiter zu versuchen, sie aufzuheitern.

»Na, sag mal!«, warf er betont gut gelaunt ein und schlug sich übertrieben aufs Knie. »Hast du das hier gesehen? Die *Stones* planen schon wieder eine Abschiedstour. Das glauben die doch selbst nicht! Die wievielte ist das jetzt? Ich hab den Überblick verloren.«

Renate reagierte nicht.

»Ich glaube, wir sind mindestens schon auf zweien gewesen, oder?« Georg verzog die Lippen zu einer schrägen Linie. »Da fällt mir eine lustige Geschichte aus dem Büro ein. Die sind es ja nicht mehr gewohnt, mich zu sehen, und als ich da letztens aus heiterem Himmel aufgetaucht bin, um nach dem Rechten zu sehen, was glaubst du, wen ich da getroffen habe? Günther!«

Noch immer kam keine Reaktion von ihr.

»Der alte Sack wollte ja eigentlich auch schon längst in den Ruhestand gehen. Manche können halt nicht ohne ihre Arbeit, was? So ein Wichtigtuer! Als ob ohne ihn alles den Bach runtergehen würde.«

Renate schnaufte resigniert und stemmte sich mit ihrem ganzen Gewicht auf das Messer in ihren Händen. *Klack.* Mit einem einzigen ruckartigen Schnitt teilte sie die Melone in zwei Hälften und traf das darunterliegende Schneidebrett.

»Hast du dir eigentlich schon Gedanken über unseren nächsten Urlaub gemacht, Liebling?«, fragte er. »Ich weiß, wir haben noch etwas Zeit, aber trotzdem. Was hältst du zum Beispiel von Sansibar?«

*Klack. Klack.* Mit immer kraftvolleren Schnitten trennte Renate ungleichmäßige Scheiben der Melone ab.

»Oder Monaco! Die Flüge dahin sind gerade spottbillig. Da waren wir doch auch schon lange nicht mehr! Weißt du noch, wie schön wir es …«

Plötzlich wirbelte Renate wie vom Blitz getroffen herum und fuchtelte wild mit dem Messer vor seiner Nase. »Kannst du endlich damit aufhören, so zu tun, als ob alles in bester Ordnung wäre?«, schrie sie ihn an und zeigte mit der Spitze des Messers auf seine Stirn. »Mensch, Georg! Nichts ist in Ordnung, verflucht noch eins. Und das weißt du genau.«

»Sag mal, spinnst du?«, rief er und hob beschwichtigend die Hände in die Luft. »Beruhig dich doch bitte erst mal. Und nimm das Messer weg, bevor du noch jemanden verletzt, ja?"

Seine Frau starrte ihn einige lang gezogene Sekunden wütend an. Fassungslosigkeit blitzte in ihren Augen auf. Die Tränen, die sie mit ihrem Wutausbruch versucht hatte zu überspielen, rannen ihr die geröteten Wangen hinab und übers Kinn. »Ich will mich aber nicht beruhigen!«, schrie sie so laut, dass sie dabei fast in die Knie sank, schnellte erneut herum und rammte das Messer mit voller Wucht ins Schneidebrett. Schluchzend stützte sie sich mit beiden Händen auf der Küchentheke ab. »Was hat das Leben denn noch für einen Sinn? Wozu soll das alles noch gut sein? Kannst du mir das vielleicht mal erklären, anstatt hier immer nur einen auf heile Welt zu machen?«

Georg stand auf und wollte sie tröstend an der Schulter berühren, aber sie zuckte zurück und duckte sich unter ihm hindurch. Er sah ihr nach, während sie aus der Tür flüchtete.

»Das Leben geht weiter, Renate! Auch wenn es manchmal keinen Sinn ergibt.«

Renate blieb im Türrahmen stehen, wischte sich die Tränen aus dem Gesicht und sah ihn herausfordernd an. »Wie kannst du nur so … Wie kannst du nur so unausstehlich ruhig und ignorant sein? Was habe ich nur für einen herzlosen Mann geheiratet! Hast du etwa alles vergessen?«

»Was ist denn das für eine Frage?«, sagte er und ging langsam auf sie zu. »Wie könnte ich denn? Glaubst du ernsthaft, ich habe vergessen, dass wir sie alle überlebt haben? Niemand sollte eines seiner Kinder sterben sehen.«

Renate kehrte ihm erschrocken den Rücken zu, als er offen aussprach, worüber sie sich zuvor stillschweigend geeinigt hatten, niemals mehr ein Wort zu verlieren.

»Und schon gar nicht alle auf einmal! Mein Herz ist an diesem Tag genauso zersprungen wie deins! Wenn ich könnte, würde ich mit ihnen tauschen. Ich würde die Zeit anhalten und alles rückgängig machen, wenn es in meiner Macht stünde. Ich würde sie nie in dieses vermaledeite Flugzeug einsteigen lassen. Aber ich kann nichts an dem ändern, was passiert ist. Niemand kann das!«

Sie schluchzte in ihr Taschentuch. »Ich bin es so leid! Warum leben wir noch immer und sie …« »Ich hab keine Ahnung, mein Liebling. Aber ich versuche, stark zu sein – für dich. Auch wenn du nicht daran glaubst, aber mit Gottes Hilfe werden wir es schaffen!« Mit diesen Worten drehte er sie behutsam zu sich herum und nahm sie in die Arme, auch wenn der Blick aus ihren wässrigen Augen so kalt war, dass es ihn fröstelte.

»Ich hasse dich, Georg! Ich hasse dich! Dich und deinen Gott.« Hemmungslos hämmerte sie ihm auf die Brust, wurde aber mit jedem Schlag schwächer, bis sie ihm schließlich hilflos in die Arme fiel. Die Tränen liefen ihr in einem Schwall die Wangen hinunter, als stünde sie im strömenden Regen. Auch er war bereits den Tränen nahe, zwang sich aber für sie dazu, seinen Gefühlen nicht nachzugeben.

»Was bleibt uns denn noch am Ende?«, fragte sie wimmernd und schlug ihn erneut kraftlos auf die Brust. »Ich frage dich! Du bist doch immer so schlau! Was?«

Georg sah sie sie einen Moment lang bekümmert an. »Was am Ende bleibt, sind wir, Renate!«, sagte er mit belegter Stimme. »Wir leben noch. Und wir müssen das Beste daraus machen, indem wir zusammenhalten und uns nicht von den Prüfungen unterkriegen lassen, die uns auferlegt wurden. Lass mich doch wenigstens für dich da sein und es dir erträglicher machen, auch wenn es dir manchmal kaltherzig erscheint! Alles ist gut, hörst du? Alles ist gut.«

Hastig löste sie sich kopfschüttelnd aus seiner Umarmung. »Nein!«

Er griff nach ihrem Unterarm, doch sie entzog ihn ihm verärgert. »Hör auf!«

»Aber …«

»Hör auf! Du verstehst es einfach nicht!«, schrie sie und blitzte ihn zornig an. Laut stöhnend griff sie sich mit beiden Händen an die Schläfen, als würde sie ihren Kopf davon abhalten müssen zu zerspringen.

»Warum willst du es einfach nicht begreifen? Herrgott noch mal! Ich will nicht, dass alles gut ist!«

Georg sah sie verwirrt an.

»Das hier«, rief sie und schlug sich heftig auf die Brust. »Das hier ist echt! Verstehst du? Versuch doch wenigstens, es zu begreifen. Der Schmerz hier drinnen hält mir die Erinnerung an sie wach. Was ist denn die Alternative? Das Vergessen? Ich kann sie nicht verlieren. Nicht noch einmal.«

Georg schwieg bedrückt.

»Verstehst du denn nicht? Solange ich mich so miserabel fühle, erhalte ich zumindest etwas von ihnen in mir. Den Schmerz, den ich hatte; die Wut, die ich spürte, als ich sie verlor. Wenn ich das auch noch verlieren würde, wenn all das einer blassen Erinnerung weichen und zu einem trivialen Abbild seiner selbst werden würde. Ich wüsste nicht, was ich tun würde!«

Georg hatte keine Ahnung, was er ihr darauf antworten sollte. Das erste Mal fühlte er sich seiner Frau so nah, dass er die enorme Uferlosigkeit ihrer Trauer spüren konnte. Sie hatte recht. Er hatte den feigen Weg gewählt. Er hatte die Wahrheit verdrängt und sich hinter der unbegreiflichen Willkür Gottes versteckt. Die Erinnerungen an die Geburtstage seiner Kinder, die unbeschwerte Freude in ihren Gesichtern und ihre gemeinsamen Abende vor dem Fernseher kamen in ihm hoch. Die Mauer, die er so sorgsam um sich herum aufgebaut hatte, begann langsam auseinanderzufallen, und er brach in Tränen aus.

# Der Ort, von dem die Tränen kommen
## *von Christoph Geisler*

Ich habe dein Grab aufgelöst. Denn dort finde ich dich nicht.

Ich habe die Erinnerungen verbrannt. Denn sie bist du nicht.

Ich habe dich ins Innere hinaus entlassen. Dort bist du bei mir, und ich bin bei dir.

Die Zeit, bevor du von uns gegangen bist, war eine Zeit, in der der Mond mir fremd geworden war. Er war schon lange nicht mehr der gütige Alte, der uns die dunkle Nacht erhellte, sondern nur noch der bleiche, steinige Nachbar in einem kalten, grenzenlosen Universum.

»Der Mond, er kann dir beides sein«, hast du mir gesagt, »und noch so vieles mehr. Es liegt an dir, nicht an ihm.«

Die unbegrenzten Möglichkeiten und die ach so grenzenlose Fantasie hatten sich in mir zu einem schwarzen und kalten Raum aufgelöst. Eine innere Leere, die sich nicht füllen ließ.

»Vielleicht«, hast du gesagt, »ist dort aber eigentlich eine innere Fülle, die sich nicht leeren lässt.«

Das an sich grenzenlose Denken hatte sie erschöpft, sich wund gelaufen in einem sich selbst immer wieder begrenzenden Verstand.

»Sag nichts gegen diese Begrenzungen«, hast du gesagt. »Dein Verstand kann nicht anders, als Grenzen zu setzen in seinem unermüdlichen Bemühen, Inseln des Sinns in ein sinnloses Universum zu bringen. Aber die Grenzen sind nicht fest. Es mag Tatsachen geben, die du nicht ändern kannst. Doch du kannst die Geschichten ändern, die du zwischen ihnen gesponnen hast. Die Grenzen, die du auf diese Weise um sie gezogen hast, kannst du verschieben, ausdehnen, neu ziehen.«

»Wie?«, habe ich dich gefragt.

»Indem du Fragen stellst und nicht mit Antworten immer neue Grenzen ziehst.«

»Welche?«

»Mit der einen Frage löst du das Denken von seinem Grund, von den Geländern, an das es sich klammert: Warum? Und mit der anderen Frage öffnest du das Denken: Was wäre, wenn?«

Dann kam der Tag, an dem wir bei meinem Vater die lebenserhaltenden Geräte abstellen mussten.

Von da an sind mir diese Fragen zur Falle geworden. Das Denken funktionierte noch, aber es akzeptierte diese eine Grenze nicht, auf die er mich hingewiesen hatte. Es rüttelte an Tatsachen, die unabänderlich waren, die sich nicht von ihrem Grund lösen ließen: seinem Tod. Und es drehte sich fortan in einem atemlosen Lauf im Kreis:

Was wäre, wenn wir noch gewartet hätten?

Was wäre, wenn er …

Was wäre, wenn wir …

Was wäre, wenn die Ärzte …

Was wäre, wenn, wenn, wenn…

»Lass ihn los!«, riet man mir. »Das Leben muss weitergehen.«

Aber ich ließ nicht los, sondern versuchte, ihn noch stärker festzuhalten: Ich sammelte, schrieb nieder, ordnete, was es an Erinnerungen gab …

Ich wusste, wie er sich um die Erinnerung an seine eigenen Eltern bemüht und auch noch das Foto der entferntesten Verwandten aufbewahrt, ja, selbst das Grab seiner Großeltern bis zuletzt noch gepflegt hatte. Da sollte es ihm nicht schlechter ergehen als denjenigen, um die er sich gekümmert hatte. Dann kroch die Angst in mir hoch.

Die Angst, ihn zu verlieren, wenn ich mich nicht jeden Tag mit ihm beschäftigte, wenn ich nicht all die Erinnerungen bewahrte, sie immer wieder hervorholte, sein Grab besuchte und seinen Todestag beging, den Totensonntag ehrte. Die Angst, dass ich mich versündigen oder ihn enttäuschen könnte, wenn ich all das irgendwann nicht mehr tun sollte.

Keine Angst kommt aber, um einem Angst zu machen. Sie kommt, weil etwas anderes kommt, das diese Angst verursacht. Und so kam auch diese nicht einfach so. Sie kam im Fahrwasser eines Gefühls, das meine bisherigen Annahmen über mein Erinnern grundlegend infrage stellte. Es trat am Anfang nur ganz leise auf. Aber kaum war es da, ging es nicht wieder weg, wurde immer stärker und wollte zunehmend weniger beiseitegeschoben werden, bis es sich schließlich als Zweifel zu erkennen gab, ob ich das nicht alles vielleicht doch sein lassen könnte mit dem Erinnern und dem Grab.

Dieser Zweifel war es, der die Angst auslöste: Was würde es bedeuten, wenn ich ihm nachgab? Was würde das aus mir machen, was aus meinem Vater, aus meinen Erinnerungen an ihn? Die möglichen Antworten hierauf – unbekanntes, bislang gemiedenes Terrain, nicht denkbar bisher.

Und doch kam irgendwann die Frage: Aber warum eigentlich? Und was wäre eigentlich, wenn …?

Ja, was wäre eigentlich, wenn dieser Zweifel seine Beachtung zu Recht einforderte, weil hinter ihm ein Grund stünde, der diese Beachtung verdiente? Wenn er sich zu seiner ganzen Größe vor mir aufbaute und fragte: »Was macht eigentlich so ein Leben aus? Was bleibt, wenn ihr Menschen geht?«

Dann würde ich vermutlich antworten: »Na ja. Ein Grab, ein Todestag, Orte, Daten, Gegenstände, Zeugnisse, Urkunden, Erinnerungen. Fotos, Briefe, Postkarten. Posts. SMS. Suchanfragen.«

»Ha«, würde er sich lustig machen, »das scheint mir ja ein tristes Leben zu sein. Was bleibt von mir, wenn ich gehe? Ein Haufen Schmutzwäsche und 3 Euro 50 im Portemonnaie. Na, herzlichen Glückwunsch. Hat sich ja voll gelohnt, dein Leben!«

Und ich würde einwenden: »Aber du kannst doch nicht Fotos und Friedhöfe mit Schmutzwäsche vergleichen!«

»Och«, würde er ausrufen, »ich kann noch ganz andere Dinge!« Und dann würde er sich empören: »Aber das ist doch nicht das Leben! Leben ist doch nichts, was man auflistet, was man sortiert und abheftet.«

Er würde die Augen verdrehen, den Kopf schütteln und sich resigniert abwenden: »Aber was habe ich erwartet? Statt Ordnung in eure Herzen zu bringen, bringt ihr Ordnung in eure Schreibtische und Wohnungen und nennt es *Ordnung in euer Leben bringen*. Kein Wunder, dass euch nicht viel mehr einfällt, wenn es darauf ankommt, eine Antwort auf die Frage zu geben, was ein Leben eigentlich ausmacht!«

Aber er würde auch nicht lockerlassen: »Also, dann anders gefragt: Was bleibt, wenn du all die Erinnerungen löschst, all das, was man aufzeichnen kann?«

»Aber ohne Fotos, ohne Briefe …«, würde ich einwenden. Und dann würde er vielleicht ein Foto meines Vaters in die Hand nehmen und versuchen, mir zu erklären, was er meint.

»Okay, okay, nimm das Foto hier … Ist er das?«

»Ja!«

»Nein! Das Foto bildet ihn doch nur ab, es ist nicht er selbst.«

»Ja, aber das ist er, als wir in Italien waren.«

»Genau! Und das ist er auf der wilden Party in Acapulco. Und das ist er mit zwölf. Und das ist er am Strand mit seinen Eltern.«

»Ja.«

»Merkst du nicht, wie dein Verstand ihn in Einzelteile zerlegt? Das ist er hier, das ist er dort. Aber was ist eigentlich dieser *Er*, der mal hier und mal dort ist? Dein Verstand sieht ihn gar nicht. Er ist ständig damit beschäftigt, einzuordnen, was du ihm vor die Nase setzt. Zeigst du ihm ein Foto, grenzt er es ein. Ach ja, das war dann und dann. Zeigst du ihm ein anderes, schwups, schon baut er eine Geschichte aus den beiden Bildern. Stimmt, damals, jetzt erinnere ich mich ... Aber würde auch nur eines davon ihn wirklich in Gänze erfassen können?

Mit jedem Wort und jedem Bild grenzt der Verstand ihn ein, auf eine Situation, eine Geschichte, einen einzelnen Aspekt seines Lebens. Aber ein Leben ist so viel größer, und jeder dir wichtige Mensch ist so viel mehr als nur die Summe der Momente, die du festgehalten hast!

Was also macht ihn wirklich für dich aus – jenseits all der Situationen und Geschichten? Was hast du wirklich von ihm festgehalten? Bleibt da nicht noch was, wenn du all die Erinnerungen, all die Aufzeichnungen löschst?«

Und dann würde ich anfangen zu verstehen.

»Was er wirklich für mich ist, sind nicht der Körper, der er war, oder die Worte, die er sagte, auch nicht die Dinge, die er tat, sondern das, was ich noch nie beschreiben konnte, wenn ich ihn beschreiben sollte, was mir aber schon immer klarer als jedes Foto vor Augen war.«

»Hm. Ein nicht durch Beschreibungen eingrenzbares Gefühl, etwas, das ohne jeden Kontext, ohne jede Erzählung nicht in deinem Kopf, sondern in deinem ganzen Körper sitzt?«

»Ja! Das, was sich von ihm aus der Fülle an Erinnerungen, Fotos und Briefen, aus all dem Gewusel von Eindrücken, die ich von ihm habe, herausgefiltert hat. Das, was ich schon immer von ihm mit mir genommen hatte, wenn wir uns nicht sehen konnten.«

»Deine Angst ist nicht die Angst, ihn zu verlieren, wenn du alle Erinnerungen löschst. Du weißt tief in dir drin, dass da noch was ist, das bleibt. Aber du weißt noch nicht, was das genau ist, und auch nicht, ob es wirklich bleibt. Deine Angst ist die Angst, dich auf dieses Unbekannte in dir einzulassen, dem in dir zu vertrauen, was der Verstand nicht greifen kann. Das ist schwierig in einer Welt, in der wir meinen, alles vermessen und berechnen zu können … Aber wenn du dich darauf einlässt, dann lässt du nicht ihn los, sondern deinen Verstand. Wenn du deinen Verstand loslässt, löst er seinen Griff und öffnet den Geist für das, was deinen Vater schon immer jenseits all der Erinnerungen für dich ausgemacht hat. Du lässt ihn nicht verschwinden, sondern entlässt ihn ins Innere hinaus. An den Ort, an dem sich die Dinge befinden, die keine Worte beschreiben können, die kein Verstand erfassen, kein Computer berechnen kann. Das ist ein wahrlich grenzenloser Ort. Er findet sich in keiner Maschine. Er ist ein zutiefst menschlicher Ort. Hier erlebt ihr das, was eine Person ausmacht, und wer einmal dort in einem Menschen angekommen ist, verlässt diesen Ort auch nie mehr.

Es ist der Ort, von dem die Tränen kommen. Tief in Dir drin und doch nirgendwo. Man kann nicht in ihn herabsteigen, es kann nur etwas aus ihm hinaufsteigen. Er ist der Ort, an dem Liebe und Hoffnung zu Hause sind und von dem aus sie alles durchströmen. Grenzenlos. Unendlich.«

Und wenn es so wäre, dass diese innere Stimme und ich uns auf diese Weise unterhalten, und wenn es wahr wäre, was sie mir sagen würde, dann weißt du nun, warum ich eingangs geschrieben habe:

Ich habe dein Grab aufgelöst. Denn dort finde ich dich nicht.

Ich habe die Erinnerungen verbrannt. Denn sie bist du nicht.

Ich habe dich ins Innere hinaus entlassen. Dort bist du bei mir, und ich bin bei dir.

# Ich werde dich nie verlieren

*von Carola Jun*

*Ich habe dich immer mit dabei,*
*auf dem Trip meines restlichen Lebens,*
*wo auch immer du jetzt bist.*
*Weit oben im Himmel,*
*oder auf den Spuren der Sterne unterwegs.*
*Den Tod gibt es nicht für uns,*
*da sind wir uns einig.*
*Ich habe alle Bilder vergangener Abenteuer im Herzen,*
*doch manchmal geht nichts mehr,*
*da bin ich nicht taff,*
*sondern verzweifelt und allein.*
*Dann tobt das Chaos in mir,*
*und ein Meer aus Tränen flutet mein Leben,*
*obwohl ich auf der Seite des Lichts stehe.*
*Ich hatte keine Angst, als du bei mir warst,*

der Himmel hat uns beschützt,
die Winde zeigten uns den Weg,
die Vögel bewachten uns sicher,
der Mond war unser Licht.
Mein Herz wird für eine Zeit lang sterben,
ich erzähle ruhig und leise unsere Geschichte
und werde dabei für immer auf Wiedersehen sagen.
Du fehlst mir so.
Doch weiß ich immer,
du läufst mit mir auf der anderen Seite mit,
Hand in Hand,
auch wenn ich dich nicht sehen kann.
Doch ich spüre dich auf meiner Haut;
ein Windzug küsst meine Lippen,
ein Wispern erhellt mir die Nacht.
Unseren Kompass haben wir beide immer im Herzen,
so werde ich dich nie verlieren …

# Klärend, heilend

*von Claudia Dvoracek-Iby*

Kurz vor halb sechs Uhr morgens, als ich gerade dabei bin, mir Tee zuzubereiten, klingelt das Handy. Sofort füllen sich meine Augen mit Tränen. Als ob sie nur darauf gewartet hätten, die Tränen, als ob das Geräusch das Startsignal für sie wäre. Natürlich ist dein Vater der Anrufer. Er weiß genau, dass ich längst auf den Beinen bin, wie mir zumute ist heute, an diesem besonderen Tag.

Ich gehe zum Fenster, sehe hinaus, zum Park gegenüber, der noch im Morgendunkel liegt und durch den wir unzählige Male gejoggt sind, dein Vater und ich. Meist um diese Uhrzeit, während du noch tief geschlafen hast. Ich lasse das Handy läuten, lasse meine Tränen laufen, meinen Tee kalt werden, lasse meine Gedanken zu. Gedanken an kleine Episoden der vielen Jahre zu dritt, an die trügerische Selbstverständlichkeit unseres Zusammenseins.

Dein Vater, du, ich.

Nun ist alles anders. Seit drei Monaten lebe ich allein. Nachdem du gegangen bist, habe ich keinen Menschen mehr in meiner Nähe ausgehalten. Vor allem deinen Vater nicht. Der Satz, dass Unglück Menschen zusammenschweißt, stimmt nicht, zumindest nicht für mich. Von Tag zu Tag habe ich es weniger ertragen, meine Trauer um dich im Gesicht deines Vaters gespiegelt zu sehen. Irgendwann hat er mein Bedürfnis nach Alleinsein akzeptiert, ist ausgezogen, hat sich eine kleine Wohnung gemietet.

»Ich betrachte das als vorübergehend«, hat er immer wieder zu mir gesagt. »Nur so lange, bis du sagst, ich soll wieder nach Hause kommen.«

Doch seit ich ihn mit Sara gesehen habe, bin ich unsicher, ob er wirklich zurückkommen möchte. Wie vertraut sie gewirkt haben. Du kennst sie ja, seine langjährige Kollegin, liebenswürdig und sehr hübsch, und seit Kurzem außerdem geschieden. Vorgestern ist es passiert, ich bin an einem Lokal vorbeigegangen. Zufällig ist mein Blick durch das Fenster gefallen, und da habe ich die beiden gesehen. Sara hat die Hand deines Vaters gehalten, und sie haben sich tief in die Augen geschaut.

Ach, egal. Seit du gegangen bist, ist alles, was mich früher aufgeregt hätte, bedeutungslos für mich geworden. Ich nehme das Handy, das Klingeln hat längst aufgehört.

*Ich rufe dich später zurück*, schreibe ich, drücke auf *Senden*. Dann schalte ich das Telefon aus. Dein Vater wird es verstehen.

Ich schminke mich. Bin dankbar für diese Möglichkeit, eine Art Schutzschicht aufzutragen. Den düsteren inneren Farben durch Kleidung zumindest äußerlich bunte, fröhliche entgegenzusetzen. Gerade heute, zu deinem Geburtstag, wähle ich bewusst mein bestes Outfit: ein elegantes Kleid in Eisblau mit einem schicken beigen Blazer. Du sollst dich für deine Mutter nicht schämen müssen.

Dann spaziere ich langsam in die Innenstadt, setze mich in unser Café, das soeben aufgesperrt hat, bestelle Kaffee und versuche, Zeitung zu lesen. Doch ich kann mich nicht konzentrieren. Meine Gedanken fliegen zu dir, in die Tage der Vergangenheit. Ich sehe uns beide hier sitzen, du mir gegenüber. Du bist gerade einmal fünf Jahre alt, und ich muss lachen, weil du die Erwachsenen imitierst. Du hältst eine Zeitung in deinen kleinen Händen, tust mit ernstem Gesichtsausdruck so, als würdest du sie lesen.

Ich muss kurz die Augen schließen, sehe dann auf meine Armbanduhr. Noch zwei Stunden Zeit. Um 10:55 Uhr möchte ich bei dir sein. Genügend Zeit, um dein Geburtstagsgeschenk zu kaufen.

»Eine sehr gute Wahl«, lobt der Kassierer des Mineraliengeschäftes eine Stunde später. Behutsam packt er den großen Bergkristall ein.

Ich nicke, denn ich habe den schönsten Kristall gewählt, den ich hier für dich finden konnte. *Wirkung: klärend, heilend,* stand auf einem schmalen Schild darunter. Schon im Kindergarten hast du dich für Mineralien interessiert und begonnen, sie zu sammeln.

»Ausgezeichnet«, beteuert der Kassierer noch mal, nennt dann beiläufig eine hohe Summe und scherzt: »Tja, Schönheit hat seinen Preis.«

»Für meinen Sohn ist mir nichts zu teuer«, sage ich laut. Mir ist bewusst, wie arrogant mein Tonfall sich dabei anhört, ich kann und will aber nicht anders, als genau so zu klingen. Ich drehe mich dabei etwas zur Seite, blicke zu einer jungen Frau, die hinter mir steht, um zu überprüfen, ob sie registriert hat, was für eine großzügige Mutter ich bin. Sie hält ein kleines Mädchen an der einen und ein rosa Armband in der anderen Hand.

»Ein Geschenk für den Junior also«, tönt der Kassierer scheinbar interessiert.

»Ja. Heute vor vierzehn Jahren kam mein David zur Welt«, erwidere ich laut und übertrieben feierlich, sehe dabei der jungen Frau direkt ins Gesicht.

Diese sieht demonstrativ weg, und ich höre förmlich, wie sie denkt: *Reiche Tussi. Denk bloß nicht, dass ich mich für dich und deinen verzogenen Sprössling interessiere.*

»Wie schön, Gratulation«, bemerkt der Kassierer.

Ich bezahle, dann verlasse ich grußlos das Geschäft, rausche mit hoch erhobenem Kopf an der Frau und ihrer Tochter vorbei, die Tasche mit dem Kristall an mein eisblaues Kleid gepresst. Bin absolut in die Rolle einer hochnäsigen Mutter geschlüpft.

Ob es im breiten Feld der Psychologie einen Fachausdruck für die Sucht gibt, das Muttersein vorzutäuschen? Für das Bedürfnis, zu spüren, dass fremde Menschen mich als Mutter wahrnehmen? Das Verlangen danach ist zeitweise unwiderstehlich für mich. Immer wieder spiele ich alle Arten von Muttertypen, fürsorgliche, überbesorgte oder unsympathische wie gerade eben. Lasse mich vom Personal wegen passender Kleidung oder Spielsachen für dich beraten. Gestern erst bin ich in einer Apotheke gewesen und habe Hustensaft für dich gekauft. »Der übliche Husten, so wie jedes Jahr um diese Zeit. Vor allem nachts quält er ihn. Er kann kaum schlafen deswegen, der Ärmste«, habe ich geklagt.

Draußen schaue ich noch kurz durch das Fenster des Mineraliengeschäftes, beobachte, wie die junge Mutter dem Kassierer gestikulierend das Armband reicht, sehe ihn lachen. Wahrscheinlich äfft die Frau mich gerade nach, teilt dem Kassierer nun ihrerseits mit: »Vor sieben Jahren wurde meine Kimberly geboren«, und dann, affektiert die Tatsache, dass das Schmuckstück einen Bruchteil des Bergkristall-Preises ausmacht, ignorierend: »Für meine Tochter ist mir nichts zu teuer.«

Ich greife in die Tasche, berühre die Schachtel mit dem Bergkristall.

*Klärend, heilend*, denke ich. Zwei Jungen kommen mir entgegen, als ich den breiten Gehsteig entlanggehe. Sie sind nur ein paar Jahre jünger als du, ungefähr zehn Jahre alt. Einer trägt einen Fußball, hat ihn zwischen Arm und Hüfte geklemmt.

Sekundenlang starre ich auf den Ball. Hinter meiner rechten Schläfe beginnt es, schmerzhaft zu pochen. Ich schnappe nach Luft, dann entreiße ich ihm den Ball, werfe ihn mit Schwung über das hohe Gitter einer Baustelle, die sich gleich neben dem Gehsteig befindet. Er verschwindet in einer tiefen Baugrube.

Kurz sehe ich in die fassungslosen Gesichter der Kinder, denke, während ich an ihnen vorbeigehe, ich müsste mich ihnen erklären, müsste ihnen von dir erzählen. Ihnen sagen, dass du wegen solch eines Balls nicht mehr hier bist. Wegen eines Balls, der einem fremden kleinen Kind auf die Straße gerollt ist. Das Kind ist ihm nachgerannt, trotz der stark befahrenen Fahrbahn, und du bist dem Kind nach, auch trotz der stark befahrenen Fahrbahn.

Du wolltest das Kind retten. Es ist dir gelungen. Es lebt. Du hingegen bist tot.

Doch ich erkläre nichts. Kein Wort bekomme ich heraus, sondern gehe schnell weiter, weg von den beiden Kindern, die mir nun nachbrüllen: »He, was soll das? Warum machen Sie das?«

»Blöde Kuh!«

Ich biege um eine Ecke, taste nach dem Bergkristall.

*Klärend, heilend.*

Krampfhaft versuche ich, an nichts anderes zu denken als an diese beiden Worte.

Meine Augen tränen, aber ich gehe weiter, zwei, drei Straßen entlang. Kurz bevor ich bei dir bin, muss ich mich setzen. Also lasse ich mich auf dem breiten Auslagevorsprung einer Bäckerei nieder, hole einen winzigen Spiegel und ein Taschentuch heraus. Meine Hände, die eine, die den Spiegel hält, die andere, die das Augen-Make-up mitsamt den Tränen abwischt, zittern stark.

Eine Frau in Arbeitskleidung kommt aus dem Geschäft. »Ist Ihnen nicht gut? Warten Sie, ich bringe Ihnen etwas Wasser.«

Eilig geht sie wieder hinein, um mir gleich darauf ein Glas zu reichen.

»Danke, es geht schon wieder«, stottere ich. »Es ist nur … Heute ist der 14. Geburtstag meines Sohnes.«

»Ach, alles klar. Ja, ja, die Pubertät«, missversteht sie mich. »Ihr Sohn steckt wohl in Schwierigkeiten. Wissen Sie, meine Tochter ist fünfzehn. Ich sage Ihnen: Probleme in allen Bereichen. Schule, Freunde, überall. Sie kennen wohl Ähnliches von Ihrem Sohn.«

»Nein, das kenne ich nicht«, sage ich, richte mich abrupt auf. »Mein Sohn ist nicht in der Pubertät. Er steckt in keinerlei Schwierigkeiten und macht nie Probleme, im Gegenteil. David ist wunderbar, einzigartig.«

Ich gebe ihr das Wasserglas zurück. Das Lächeln der Frau gefriert.

»Na dann«, sagt sie eingeschnappt. »Dann läuft ja alles bestens bei Ihnen. Gut, ich gehe mal wieder rein, ich habe schließlich zu tun.« Sie nickt mir kurz zu und verschwindet in der Bäckerei.

Erneut berühre ich die Schachtel mit deinem Geschenk, noch einmal denke ich: *Klärend, heilend*, ehe ich mich aufraffe und meinen Weg fortsetze.

Zehn Minuten später bin ich bei dir, betrachte dein liebes Kindergesicht. Streichle mit meinem Blick dein helles Haar, studiere dein einnehmendes Lächeln. Dann nehme ich den Bergkristall aus der Tasche, platziere ihn zwischen Efeu und Kletterrosen auf schwarzer Erde, unter deinem Foto im runden, dunklen Rahmen.

»Das sieht sehr schön aus«, sagt plötzlich jemand leise hinter mir. Dein Vater, natürlich.

Ich erschrecke mich nicht, habe wohl innerlich damit gerechnet, dass er ebenfalls bei dir sein wird. Er war schließlich dabei, als du vor genau vierzehn Jahren zur Welt gekommen bist, um 10:55 Uhr. Wir haben damals beide vor Glück geweint.

Dein Vater und ich sehen uns an, still, wissend, dass wir das Gleiche denken. Wir denken an dich, betrachten nun gemeinsam dein Foto. Du lächelst uns zu.

Später sitzen dein Vater und ich in der Frühlingssonne auf einer Bank auf dem Friedhof. *Klärend, heilend*, klingt es in mir nach, und dann erzähle ich deinem Vater von allem. Von dem Ball, den ich in die Baugrube geworfen habe, von der Szene im Mineraliengeschäft. Erzähle von meinem Bedürfnis, das Muttersein vorzutäuschen. Es ist das erste Mal, dass ich darüber rede. Dein Vater hört mir zu. Sagt dann, das sei verständlich, dieser Drang würde sich bestimmt mit der Zeit legen.

Wir reden von dir, von unserem veränderten Dasein ohne dich, und da merke ich, dass ich deinem Vater endlich wieder in die Augen schauen kann, ohne dass mein Schmerz um dich sich wie verdoppelt anfühlt. Ich sehe in deinem Vater den geliebten Menschen, der es gut mit mir meint, der mich versteht, der weiß, wie es in mir aussieht.

Es ist inzwischen weit nach Mittag. Wir stehen auf, verlassen den Friedhof durch das schmiedeeiserne Tor. Das Auto deines Vaters steht auf dem Parkplatz. Ich zögere, würde jetzt gerne sagen: »Komm wieder zurück«, aber …

»Wie geht es Sara?«, frage ich, wobei ich gegen den plötzlichen Kloß in meiner Kehle ankämpfe.

Er sieht mich irritiert an.

»Ich habe euch gesehen, vorgestern, in einem Lokal«, erkläre ich.

Dein Vater schüttelt den Kopf. »Wir haben nur miteinander geredet und uns gegenseitig getröstet. Sara hat mir von ihrer Scheidung erzählt, ich ihr von David und dir. Zwischen Sara und mir ist nichts als Freundschaft.« Er ergreift meine Hand. »Ach, du weißt doch, dass ich die ganze Zeit darauf warte, dass du sagst …«

»Fahren wir bitte nach Hause«, ergänze ich. »Zusammen.«

»Wirklich?«

»Ja. Komm bitte wieder zu mir – komm zurück nach Hause.« Erneut muss ich weinen.

Dein Vater nimmt mich in die Arme. »Nichts lieber als das«, sagt er.

# Mysteria
## von Noria Klein

*Liebe, du scheinst ein Geist zu sein*
*Wer konnte dich je sehen*
*Wer konnte dich je greifen*
*Wer konnte dich verstehen*
*Glaubt man, du bleibst ewig,*
*Bist du schon wieder fort*
*Gegangen, um zu spuken*
*An einem besseren Ort*
*Auch du, Tod, bist ein Rätsel*
*Zum Lösen nicht gemacht*
*Sag, war gütig oder grausam*
*Wer immer dich erdacht?*
*Bist nicht Ungetüm noch Richter*

Ein Fänger, der uns alle fängt
Gleich, ob das Blut heiß rauscht
Ob Frühling Land und Seel' durchtränkt
Seid ihr am End' Geschwister
Verbunden in alle Zeit?
So schön, so schrecklich, so ähnlich
Hand in Hand zu allem bereit
Keiner weiß, warum einer liebt
Und der Tod einen anderen will
Endlos ist das Ungewisse
Endlos, alt und still
Weiße und schwarze Gewänder drehen sich
In einem irren Reigen,
Wenn Liebe und Tod mit uns tanzen
Und wir in den Himmel aufsteigen

# Requiem
*von Ludwig Matheis*

Mein Magen verkrampft sich schlagartig, als ich durch die Türen in den Hörsaal trete – wieder einmal viel zu spät, denn ich hatte mich kaum aus dem Bett zwingen können.

Irgendetwas stimmt nicht, das hatte mein Unterbewusstsein bereits begriffen, es mir aber noch nicht bewusst machen können oder wollen. Mein Blick wandert durch die besetzten Sitzreihen, in denen nur zwei Plätze leer sind. Der eine ist für mich vorgesehen, und auf dem anderen hattest immer du gesessen und dein Möglichstes getan, nicht mit dem Kopf auf der Tischplatte aufzuschlagen. Deine Augenringe hatten dich jedes Mal verraten, und obwohl es die meisten vermutlich nicht interessierte, hatte ich oft in deine hellblauen Augen geblickt und mich hilflos gefühlt. Hilflos, weil ich wusste, welche Qualen du dich in der vorherigen Nacht hattest durchleiden lassen, mir aber auch klar war, dass ich dir nicht würde helfen können. Manchmal schaffte ich es, dich für kurze Zeit aus den Klauen der Schrecken in deinem Kopf herauszureißen, meistens jedoch verloren wir uns beide in den Schatten, die jeden unserer Schritte verfolgten.

Die Erinnerung an deinen müden Blick blitzt kurz in meinen Gedanken auf, und mein Herz beginnt so schnell und fest zu klopfen, dass ich fürchte, meine Brust wird unter dem Druck zerspringen. Ich drehe mich um, reiße die schwere Flügeltür auf und renne zurück nach draußen. Egal, wie sehr dich die Nacht gequält hatte, du bist immer da gewesen, denn du wusstest, dass es schlimmer war, in deinem Zimmer für dich zu bleiben, als sich durch die Vorlesungen zu kämpfen.

Ein schrecklicher Verdacht, welcher dein Fortbleiben erklären würde, formt sich in mir und wird mit einem Schlag Realität. Die Bestätigung kommt in Form einer kurzen Nachricht auf meinem Handy, in der du dich für die Situation entschuldigst, in der du mich nun zurückgelassen hast. Deinen Platz würde nun nie wieder jemand einnehmen, und deine hellen, blauen Augen würden nie wieder wie ein Leuchtfeuer im Dunklen leuchten.

Von einem Moment auf den anderen sind alle meine Gedanken verschwunden, als hätte jemand das Stromkabel für mein Bewusstsein gezogen, mich zurückgesetzt und inhaltslos zurückgelassen. Die Stimme in meinem Kopf versucht, die Leere mit Schreien zu füllen, doch meine Lippen bleiben regungslos. Und auch wenn ich langsam realisiere, was passiert ist, kann ich meine Trauer nicht herausweinen. Mein Verstand kann der Welt nicht mehr folgen, und so scheint sie in doppelter Geschwindigkeit an mir vorbeizuziehen, mich zu überholen und hinter sich zurückzulassen. Zeitgleich wandere ich, ohne dass ich es bemerke, durch die Straßen. Es dauert eine Ewigkeit, bis mir auffällt, dass ich an einem unserer früheren Lieblingsorte gestrandet bin: einer uralten Holzbank, etwas abseits eines Trampelpfades, der durch den Stadtwald führt. Kurz glaube ich, deine Silhouette zu sehen, wie sie mit um die angezogenen Beine geschlungenen Armen auf der Bank sitzt und mir müde unter der tief ins Gesicht gezogenen Kapuze zulächelt. Dann verschwindet sie wie eine Rauchwolke, die durch eine leichte Brise verweht wird. Das Zittern meines Körpers hat mich beinahe stolpern lassen, als ich über eine Wurzel vor mir steige, um mich auf die Bank zu legen.

Meine Gedanken schicken mich zurück an den Tag, an dem wir uns das erste Mal außerhalb des Studiums gesehen hatten. Wir waren gemeinsam mit einer weiteren Person für ein Projekt eingeteilt, die allerdings nie zu den Treffen aufgetaucht war. Du trugst eine pfirsichfarbene, kurze Hose aus Jeansstoff, ein schwarzes, bauchfreies T-Shirt und darüber eine offene Kapuzenjacke. In der einen Hand hieltest du deinen Stoffbeutel, den du dir für dein Drehzeug selbst genäht hattest, mit der anderen Hand schnipptest du die Zigarette, die davor in deinem Mundwinkel gehangen hatte, auf den Boden. Dein Lächeln wirkte gezwungen, deine leuchtend roten, schulterlangen Haare tanzten sanft in der leichten Sommerbrise. Ich weiß bis heute selbst nicht, wie es dazu kam, aber nachdem wir das Projekt halbwegs erfolgreich abgeschlossen hatten, trafen wir uns weiterhin, um Zeit miteinander zu verbringen, ohne wirklich Zeit miteinander zu verbringen. Wir saßen gemeinsam in meinem Zimmer und arbeiteten an unseren eigenen Projekten, ohne viel zu reden. Das war gut so, denn wir wollten beide allein, jedoch nicht einsam sein.

An einem kalten Winterabend, den wir gemeinsam verbrachten, hatte ich das erste Mal deine Narben entdeckt. Sie waren frisch, und ich spürte, wie die Angst mir durch die Knochen fuhr, denn ich wollte dich nicht verlieren. Der Kampf, den du mit dir selbst führtest, fiel mir unter anderem dadurch auf, aber ich wollte dich nicht bedrängen, bis ich es irgendwann nicht mehr ignorieren konnte. Zuerst hattest du regiert, wie ich es ebenfalls getan hätte, hattest es abgestritten, mich für mein ungefragtes Einmischen in dein Leben verurteilt, und dann weintest du, später weinten wir zusammen. In der Nacht zeigte ich dir, dich nicht für deine Narben schämen zu müssen, und du zeigtest mir, mich nicht wegen meiner Narben vor dir zu schämen. Wir küssten uns, liebten uns und weinten uns in den Schlaf.

Die Luft um mich herum zieht kälter durch die dichten Blätter, und meine Gedanken treiben mich weiter. Wir waren nie wirklich ein Paar und sind trotzdem eines gewesen. Jeder akzeptierte das eigene Leben und die Wünsche des anderen, doch spätestens nach ein paar Tagen zog es uns wieder zueinander, wenn auch nur, um die Unbeschwertheit zu spüren, die uns immer umgeben hat. Du nahmst mich mit auf Ausflüge, die ich allein nie unternommen hätte, und zogst mich aus den tiefsten Löchern, auch wenn ich das Gefühl hatte, mein Körper würde einfach aufhören zu existieren, wenn ich mich aus meiner Starre lösen würde. Genauso brachte ich dich dazu, die dunklen Schatten in deinem Kopf infrage zu stellen, philosophierte mit dir und lenkte dich mit nutzlosem Geschichtswissen und kindischen Witzen ab, wenn du am Abgrund standest. Wir retteten uns kurzfristig gegenseitig davor, von der Dunkelheit verschlungen zu werden.

***

Es ist inzwischen zwei Jahre her, seit ich dich auf deine letzte Reise begleitet habe, und ich zweifle bis heute daran, genug Kraft zu haben, um ohne dich weiterzumachen.

In meinem ganzen Leben habe ich mich nie wieder einem Menschen so verbunden gefühlt wie dir. Ich liebte dich, wie es mir nicht mehr möglich ist, seit du fort bist.

Auch wenn wir beide unsere Kämpfe ausfochten, miteinander, allein oder gegeneinander, hast du mir doch gezeigt, was diese Welt alles Schönes zu bieten hat. Auch wenn sie jetzt die stärksten und schönsten Farben verloren hat und ich für immer an dich denken werde, wenn ich die Farbe Rot sehe.

Aber es wird besser. Der graue, kalte Nebel am Ende des Tunnels wird immer wieder von einem hellroten, warmen Licht durchbrochen, und manchmal fühlt es sich an, als würde es stärker werden. Du würdest jetzt sagen, dass bestimmt alles gut wird, und auch wenn ich mich selbst noch nicht vollständig davon überzeugen kann, fühlt es sich manchmal tatsächlich so an.

In Gedanken trage ich dich weiterhin mit mir herum, wie ich dich früher nachts durch den Regen getragen habe, und das hilft mir dabei, nicht abzustürzen und liegen zu bleiben.

Ich setze jeden Tag einen Fuß vor den anderen und versuche, für uns beide zu leben, weil du nie mehr die Chance dazu bekommen wirst. Am Ende wird es jeden Tag besser, und vermutlich liegt es an dem langsamen Verschwinden deines Schattens. Noch will ich dich nicht gehen lassen, denn es fühlt sich an, als würde ich einen zu großen Teil von mir verlieren. Aber sowohl ich als auch dein Schatten wissen, dass ich dich gehen lassen muss, wenn ich jemals erleben will, wovon wir geträumt haben, auch wenn es bedeutet, unsere Träume ohne dich zu verwirklichen.

# Brücke zu dir

von Jonas Thüringer


Mein Herz
porös
wie die Blätter im Herbst
du und
ich und
zwischen uns 'ne Luftsäule
tausend
und zig
tausend Teilchen entfernt.
Ich will einen Aufzug zu dir
um mit dir sprechen zu könn'
wann immer ich will
ich will …
Dein Gang
dorthin
wo die Engel fliegen
seitdem
gar kein
Fortschritt für mein Leben
Schatten
sind dort
wo du nicht bist, bei mir.

*Ich will einen Aufzug zu dir*
*um mit dir sprechen zu könn'*
*wann immer ich will*
*ich will …*
*Winter*
*herrscht in*
*mir und lässt mich schaudern*
*während*
*draußen*
*die Maiglöckchen sprießen*
*spüre*
*noch den*
*Schmerz, wenn ich an dich denke.*
*Will nicht mehr leiden*
*wegen dir*
*Will nicht mehr traurig sein*
*wegen dir*
*Will dich nicht mehr abends sehen*
*wenn ich meine Hände falte.*
*Ich will einen Aufzug zu dir*
*um mit dir sprechen zu könn'*
*wann immer ich will*
*ich will … eine Brücke zu dir*
*eine Brücke zwischen*
*Leben und Tod.*

# Tote Blumen

*von Sandra Berger*

Wie jedes Mal, wenn ich unerlaubterweise deinen Garten betrete, tue ich so, als gehörte ich dorthin. Ich ignoriere das Quietschen beim Öffnen der Gartenpforte und husche an dem Beet vorbei, in dem im Frühjahr ein Farbenmeer aus Tulpen, Callas, Stiefmütterchen und Maiglöckchen blüht.

Obwohl es nicht mein erster Besuch ist, schlägt mein Herz wie verrückt, während ich entschlossen zwischen Blumenkästen voller farbenfroher Gerberas hindurchschreite. Dieses Gefühl gehört dazu, hindert mich aber nicht daran, mir beinahe rücksichtslos einen Weg durch die dahinterliegenden Nelken zu bahnen.

Noch nie habe ich großen Schaden angerichtet. Auch an diesem Tag werde ich das nicht tun. Aber ist es dir schon einmal aufgefallen? Weißt du, dass ich dich schon jahrelang bestehle?

*Für meine große Liebe.*

Bei den Rosen steigt mir ihr aufdringlicher Geruch in die Nase. Ich habe bei diesen Blumen immer den Eindruck, durch die Parfümabteilung eines Kaufhauses zu laufen. Mittlerweile weiß ich, dass du seit einer Nasennebenhöhlenentzündung nicht mehr gut riechen kannst, auch wenn du es hin und wieder auf die Probe stellst. Sie hingegen liebte den Duft von Rosen. Naserümpfend schaue ich mich nach den passenden Blüten um. Mein Blick gleitet über die Wildblumenwiesen zu dem japanischen Ahorn, der den Herbst zur schönsten Jahreszeit in deinem Garten macht. Dort, wo im vergangenen Winter noch die dunkelroten Blätter der Purpurglöckchen und die leuchtenden Beeren der Gaultherien für Farbe sorgten, wächst jetzt etwas anderes.

Die Erde hört kurz auf, sich zu drehen, und ihre Worte hallen durch meinen Kopf: *Weißt du, was Lilien in der Sprache der Blumen bedeuten? Ich nicht. Aber ich liebe sie trotzdem. Für mich stehen sie für Ehre und Abenteuer. Für Freundschaft.*

Dein Paradies besuche ich nicht häufig, obwohl ich es liebe. Denn sie würde mich dafür verfluchen. Doch immer, wenn ich komme, dann werde ich zum eiskalten Killer.

*Für die Liebe.*

Zielstrebig und ohne das kleinste Zögern ziehe ich die Rosenschere hervor, die ich eigens für diesen Zweck erworben habe, und mache kurzen Prozess. Präzise und schnell, und schon bin ich wieder im Begriff zu gehen. Aber an diesem Tag kommt es anders als erwartet. Erinnerst du dich? Bis heute habe ich dich noch nie gesehen. Und du? Hast du mich schon einmal gesehen?

Vielleicht waren die Lilien schuld. Vielleicht hast du auf mich gewartet. Ist dir aufgefallen, dass ich an diesem einen Tag im Jahr immer komme?

»Was zur Hölle?«, rufst du, während du in Gummistiefeln aus dem hinteren Teil des Gartens kommst. Es klingt undeutlich durch die Zigarette, die in deinem Mundwinkel hängt.

Ich erstarre vor Angst. Du bist groß. Größer, muskulöser als ich. Und mit Sicherheit meiden Fremde dich genauso sehr wie mich. Aber ich bin wie gelähmt wegen der Unkrauthacke, mit der du drohend auf mich deutest.

»Was zum Henker machst du da, du Gör?«, schreist du weiter und fuchtelst dabei mit dem Ding wild in der Luft herum.

Du bist nicht älter als ich. Ich scheinbar aber jünger als du. Beim Zurückweichen stolpere ich über meine eigenen Füße und lande auf dem Hosenboden. Den Strauß Blumen halte ich tapfer umklammert wie ein Ertrinkender einen Rettungsring. Imposant ragst du vor mir auf. Die Hände stemmst du vorwurfsvoll in die Hüften, und die Hacke baumelt locker zwischen zwei Fingern an der Naht deiner Jeans entlang, als du zu meinen Füßen vor mir stehen bleibst. Die Zigarette wird energisch zwischen deinen Zähnen zerquetscht, während du sie wie ein wildes Tier fletschst. Ich glaube, dir entkommt sogar ein Knurren. Aber nicht ein weiteres Wort findet in dem Moment seinen Weg über deine Lippen.

Wir starren uns stumm an. Dein Blick tödlich. Meiner wie der eines Rehs im Scheinwerferlicht. Die Welt bleibt einen Moment stehen, wie mein Herz, das in meiner Brust stolpert. Ohne es zu merken, halte ich den Atem an. Unnötig zu erwähnen, dass auch ich keinen Ton herausbringe.

Irgendwann – ist es eine Ewigkeit oder nur eine Sekunde? – wird es dir zu bunt. Die Wut, die dein Gesicht bis dahin grotesk verzerrt hat, legt sich, und deine Augen huschen scheinbar unkoordiniert über meine Erscheinung. Falten bilden sich auf deiner Stirn. Für ein Blinzeln rücken deine Augenbrauen beinahe comichaft dicht zusammen, und deine Mundwinkel ziehen sich nach unten. Fast fällt dir die Zigarette aus dem Mund, weil deine Lippen sich unbemerkt leicht öffnen. Doch so schnell, wie sich das skeptische Unbehagen auf deinen Zügen ausgebreitet hat, verschwindet es wieder. Stattdessen zerrt an deinen Mundwinkeln nun ein aufrichtiges Grinsen. Es funkelt in deinen Augen, und trotz der Wolken scheint die Sonne auf deinem Gesicht. Ich sehe zu Boden, um dieser intensiven Ehrlichkeit zu entkommen.

»So, so, du Schlitzohr!«, sagst du, deine Stimme kein aufgebrachtes Zetern mehr, sondern ein angenehmes Brummen. »Ich hoffe, dein Herzblatt ist es wert, dass du meine Blumen tötest.«

*Aus Liebe.*

Abrupt sehe ich wieder nach oben, und mir klappt der Mund auf, aber es verschlägt mir immer noch die Sprache. Du lachst aus vollem Herzen. Die Wut scheint endgültig verflogen.

»Warte hier. Wehe, du läufst weg.« Die Hacke kommt meinem Gesicht sehr nah, und noch einmal fühle ich, wie ich bleich werde.

»Ich komm gleich wieder, und dann will ich dieses Mädchen kennenlernen!«

Noch immer geschockt bleibe ich auf dem Boden sitzen und sehe dabei zu, wie du im Haus verschwindest. Dieses Mädchen. Sie, die Lilien liebte; die zu häufig Alexandre Dumas gelesen hatte; die Liebe meines Lebens. Horror kriecht mir den Rücken hinauf, lässt mich erschauern. Ich packe die Blumen noch fester. Mein Blick verschwindet in dem Farbenmeer vor der Haustür, bis du wieder herauskommst. Etwas ist anders. Statt Gummistiefeln trägst du Turnschuhe. Die Hacke ist weit und breit nicht zu sehen und die zerkaute Zigarette durch eine neue ersetzt. Ihr Rauch wabert um deine entspannten Gesichtszüge.

»Rauchen ist tödlich«, sage ich ganz automatisch.

»Ich weiß«, erwiderst du schulterzuckend. »Steht ja auf jeder Packung drauf.«

Deine Haut ist warm, dein Händedruck fest, als du mich auf die Füße ziehst.

»Dann los, bring mich zu deinem Sonnenschein, damit ich weiß, dass meine Blumen nicht vergeblich sterben mussten.«

*Wegen der Liebe.*

Ich komme deiner Forderung nach, trete den Weg an, den ich sonst so sicher nehme. Nicht an diesem Tag. Nicht mit dir. Noch nicht.

Ich schweige.

Du nicht.

»Sie ist bestimmt so schön wie die Blumen, die du abgeschnitten hast.«

*Die Schönste.*

»Oder stehst du eher auf jemanden mit Köpfchen? Nicht, dass nicht beides möglich wäre.«

*Die Klügste.*

»Sie ist bestimmt viel schlauer als du.«

*Immer.*

»Und nicht so rücksichtslos.«

*Niemals.*

»Humor muss sie auch haben. Sonst wird das mit dir Clown ja nichts.«

*Das schönste Lachen der Welt.*

»Hoffentlich ist sie nicht so stumm wie du.«

*Nie wie ich.*

»Oder so stur.«

*Wie wir beide.*

Du kannst nicht aufhören zu plappern. Wirst du auch in Zukunft nicht. Konnte auch sie nie. Und ich mag das. Aber an diesem Tag ist es mir zu viel. Zu plötzlich. Zu surreal.

Dein unaufhaltsamer Redefluss findet ein jähes Ende, als wir durch das große, eiserne Tor treten. Die Atmosphäre ändert sich, als hätten wir eine andere Welt betreten. Alles scheint so weit weg. Die Lilien, die in meinen Händen immer schwerer werden. Mein Körper, der auf Autopilot geschaltet hat, und meine Füße, die mich wie von allein zwischen den Reihen der Grabsteine hindurchmanövrieren. Deine Schritte folgen entschlossen den meinen. Nur dumpf dringt das Geräusch zu mir durch, als wäre ich unter Wasser. Ist sie deine Blumen wert? Ich hoffe es, *will* es unbedingt.

Ich bleibe stehen. Du neben mir. Vor uns ihr Name in einen Stein graviert. Darunter eine Lilie.

Ich bücke mich, lege den selbst gepflückten Strauß vorsichtig auf ihr Grab und flüstere erstickt: »Alles Gute zum Geburtstag.« Tränen kommen schon lange keine mehr, aber meine Unterlippe zittert verräterisch.

Und dann ist da plötzlich dein Arm auf meinen Schultern. Es sollte sich fremd und unangenehm anfühlen, aber stattdessen holt dieses Gefühl mich in meinen Körper zurück.

Ich spüre den Boden unter meinen Füßen wieder, nehme die kühle Luft auf meiner Haut wahr und fühle die Wärme, die von dir ausgeht. Es ist ganz einfach, dem Drang nachzugeben, dich anzusehen und zu lächeln. Dein Gesicht scheint düster. So wie immer, wenn du nicht aktiv lächelst, denn du gehörst zu diesen Menschen, deren Gesichtszüge einfach so sind. Dafür strahlst du wie die Sonne, wenn du einmal lachst.

Aus den Tiefen meiner Jackentasche ziehe ich eine Kerze hervor und suche vergebens nach dem Feuerzeug. Schließlich starre ich seufzend auf den weißen Docht, als könnte ich ihn auf diese Weise entzünden.

»Jedes Jahr. Jedes Jahr vergesse ich es«, murmle ich vor mich hin.

Neben mir grummelt es, und ich wende mich wieder dir zu. Dein Arm verlässt langsam meine Schulter, und du holst die Schachtel Zigaretten aus deiner Gesäßtasche hervor. Zuerst steckst du dir einen der Glimmstängel zwischen die Lippen, bevor du mir eine Packung Streichhölzer hinhältst. Als ich sie nicht entgegennehme, fummelst du selbst eines heraus und entzündest es. Erst geht der Docht der Kerze in einer kleinen Flamme auf, dann die Zigarette, bevor du schwungvoll dein Handgelenk schüttelst und nur noch der wohlduftende Rauch von dem Zündholz aufsteigt. Mit einem sehnsüchtigen Blick in das kleine Feuer stelle ich die Kerze in die reich verzierte Laterne. Ihr leises Knistern untermalt unser Schweigen für eine ganze Weile.

»Sie ist jede tote Blume der letzten sechs Jahre wert, und noch viele mehr«, erklärst du ernsthaft, bevor du noch einen weiteren Zug nimmst und den Rauch gen Himmel bläst.

»Ich weiß«, erwidere ich und kann das Grinsen, das an meinen Lippen zerrt, nicht unterdrücken. Es tut so gut, diese Worte aus deinem Mund zu hören.

Während du zu mir hinüberschielst, reibe ich mir verschmitzt den Nacken. Du fängst wieder an zu lachen, und ich muss es dir gleichtun. Ich kann gar nicht anders. Und der Wind gesellt sich zu uns. Er raschelt durch die Bäume, und ich habe das Gefühl, er weht ihr Lachen zu uns herüber. Hell und klar und voller Liebe. Trotz der Welten zwischen uns.

Nach einer Ewigkeit seufzt du etwas ernüchtert, streichst dir die langen Haare hinter die Ohren und fragst: »Was ist passiert?«

»Lungenkrebs«, antworte ich tonlos, meine Aufmerksamkeit wieder auf ihren Grabstein geheftet.

Ich sehe nicht, wie hart deine Augen für einen Moment werden, oder wie du lautlos tief Luft holst. Mir fällt nicht auf, wie blass du wirst oder welcher Sturm in deinem Inneren tobt.

Stattdessen erinnere ich mich an den Besuch beim Steinmetz, wo sie in ihrer geschwungenen Handschrift mit den extravaganten Schnörkeln ihren Namen auf ein einfaches Blatt Papier geschrieben hatte. Nun prangt ebenjener Schriftzug auf dem hellen Granit vor mir wie auf jedem der kitschigen Liebesbriefe, die sie mir schon damals in der Schule geschrieben hatte. In jedem Bogen der einzelnen Buchstaben kann ich sie sehen. Es ist durch und durch ihre letzte Ruhestätte.

Dein Blick für Schönheit und Ästhetik wird das Grab in Zukunft noch auffälliger machen. Es wird bald in den gleichen Farben erstrahlen wie dein Garten. In einer solchen Vielfalt, dass der Rest der Welt im ersten Moment nur schwarz-weiß zu sein scheint, wenn man sich abwendet.

Neben mir lässt du die Zigarette auf den Boden fallen und trittst sie aus. Du kannst nicht zu Ende geraucht haben.

*Für meine große Liebe.*

Auf dem Rückweg bist du so still wie anschließend nie wieder. Kein Wort sagst du. Nur die Schachtel mit deinen Kippen, die wirfst du achtlos in den nächsten Mülleimer, bevor du mir nie wieder von der Seite weichst.

# Energie
## *von Moritz Boltz*


Wie viel Zeit bleibt dir noch? Mutter hat gesagt, dass ich mich beeilen soll. *Renn*, hat sie gesagt, also renne ich.

Über die Isar, ein Stechen in der Seite, Schleim im Mund. Ich renne, weil du dich aufgerichtet hast. Essen wolltest du. Knödel. Du hast mich angefleht, gebettelt fast. Meine Beine treiben mich die Straße entlang. Runter auf den Fahrradweg, denn da ist weniger los, ich muss nicht so oft ausweichen. Die Luft riecht nach Sommer und heißem Asphalt. Mir ist zu warm, meine Muskeln laufen heiß.

Du schwitzt auch, nur anders. Lisa hat das Leinentuch aus dem Fach unter der Couch geholt. Gegen das weiße Laken wirkt deine Haut noch gelber, als sie ohnehin schon ist. Und während du mit rasselndem Atem in die Weite blickst, fixiere ich keuchend das Schild des Zebrastreifens, das quälend langsam größer wird, bis ich es endlich erreiche, hinter mir lasse.

Dort ist die Kreuzung, hier geht die Straße zum Gewerbegebiet ab. Die Lichterkette vor dem Restaurant haben sie schon angemacht, obwohl es noch hell ist. Scheine auf den Tresen und dann ein Griff nach der Tüte mit den Knödeln. Keine Zeit für den Geldbeutel, das Wechselgeld in die Tasche und raus aus dem Lokal, an den Tischen vorbei, zurück auf die Straße.

Du zupfst am Tuch, deckst dich ab, wälzt dich hin und her. Deine Arme sind dünn und schlagen auf das Bett wie die Knödel gegen meine Beine. Die dunkelbraune Soße schwappt aus den Styroporboxen, verteilt sich in der Plastiktüte und bahnt sich ihren Weg nach draußen. Ein nasses Rinnsal am Bein. Bratengeruch. Ich renne trotzdem weiter.

Mutter will für dich da sein, will dich festhalten. Ihre Anwesenheit macht dir zu schaffen. Du kommst nicht von ihr weg, kannst dich nicht fallen lassen. Sie erzählt dir Geschichten von früher, von einer Zeit, die ich nicht kenne, von Straßennamen, die mir nichts sagen. Monologe über zwei Menschen, die mir unbekannt sind.

*Du gehst voraus*, flüstert sie dir zu.

Das glaube ich ihr nicht, denn es gibt kein Voraus.

Nur ein Ende.

Meine Schuhe sind nicht zum Laufen gemacht, das Leder reibt an Zehen und Fersen. Aber das Rennen ist immer noch besser als das ewige Warten. Dieses bedeutungsschwangere Herumsitzen; ich ertrage es nicht mehr.

Du hast mich fortgeschickt, hast mir eine Aufgabe gegeben. Und ich werde sie erfüllen, werde meine dampfende Fracht zu dir tragen, so wie du mich immer getragen hast. Weiterrennen, bis du deine verdammten Knödel essen kannst.

Die Tüte reißt, und die Boxen fallen auf den Boden. Keuchend bleibe ich stehen und stütze die Hände auf den Knien ab. Schweiß drückt sich durch meine Poren. Alles glüht.

Die kleinen weißen Behälter schlittern über die Straße. Eine Fahrradfahrerin hält an. *Die Knödel!*

Autos bremsen, schwere Reifen zerdrücken die Behälter. Braun blutende Kartons.

*Scheiße!*

Ich höre das Hupen und die Stimme der Frau, aber sie sind weit weg, haben keine Relevanz. Alles, was zählt, ist die dritte Box. Sie klemmt im Gitter des Gullis auf der anderen Seite. *Lauf!* Über die Straße, ohne mich umzusehen. Meine Hände umfassen das Styropor. Weiter, mit jedem bisschen Kraft, das in mir steckt. So schnell ich auch renne, meine Gedanken hängen fest. An deinem Anblick, der sich in mein Gedächtnis gebrannt hat. Wie du in eine Leere starrst, die an jeder Faser deines Körpers zieht. Deine Muskulatur ist zu schwach, um den Kiefer zu halten, sodass dein Mund offen steht und langsam austrocknet. Und während ich mit hochrotem Kopf nach Luft ringe, wirst du grau. Während ich verschwenderisch strahle, hast du fast nichts mehr zu geben. Die Kraft, sie geht dir aus.

Der Fluss liegt schon hinter mir, es sind keine fünfhundert Meter mehr. Meine Beine haben sich entkoppelt. Losgelöst von der oberen Hälfte meines Körpers führen sie stur die immer gleiche Bewegung aus, wie die Kolben eines Motors, im Takt der Schläge meines Herzens.

Wahrscheinlich verlässt Mutter gerade jetzt dein Zimmer, geht nach unten und holt deinen Lieblingsteller aus dem Schrank. Bunte Fingerabdrücke auf kalter Keramik.

Lisas Gesicht im Küchenfenster. Sie eilt die Treppen hinab, um die zwei kalten Knödel entgegenzunehmen. Mutter will sie noch einmal aufwärmen. Zu dritt stehen wir in der Küche. Ich würde Mutter gerne in den Arm nehmen, aber eine unsichtbare Mauer zerteilt den Raum. Niemand sagt etwas, weil es nichts mehr zu sagen gibt.

Ich wische mir den Schweiß aus dem Gesicht und die Bratensoße von der Hose. Die Mikrowelle piepst, und gemeinsam betreten wir das Elternschlafzimmer. Aber du bist nicht mehr da, hast die Gelegenheit genutzt.

# Ahnen

## von Gerd Meyer-Anaya

nur geduld liebste
nur geduld
unsere zeit
ist ein endlicher fluss
der sich in den strom
der unendlichkeit ergießt
dort
wo das nichts und das nicht mehr
mit der ewigkeit verschmelzen
wird es sein
wir werden perlenreiche
schaumkrönchen tragen
die uns die gischt schenkt
uns den wellen ergeben
den zwingenden gesetzen
der gezeiten unterwerfen
nichts wird an uns erinnern
und doch
und das ist nicht wenig
hat der geschmack der liebe
unsere kremierung überdauert
und dem meer
ein ahnen geschenkt

# Kata, Gina und der Tod
*von Hollarius*

Meistens fuhr Gina mit dem Fahrrad zu Kata, aber heute ging sie lieber zu Fuß. Das war eine Stunde zu gehen, und sie hoffte darauf, dass Beate sie abends nach Hause bringen würde. Na ja, das Wetter war echt gut, da wollte sie gar nicht so schnell bei Kata ankommen.

Sie besuchte Kata immer noch fast jeden Tag. Aber es wurde schwerer. Dann saß sie bei ihr und hielt ihre Hand oder saß an Katas Schreibtisch, um dort ihre Hausaufgaben zu machen, und natürlich half sie Beate mit den Dingen, die halt gemacht werden mussten. Waschen, Windeln wechseln, Infusionen anhängen.

Beate, Katas Mutter, fragte sie manchmal, warum sie das alles auf sich nahm. Ja, sie war Katas Freundin, und ja, sie waren mehr als Freundinnen gewesen, aber Gina war eben auch erst achtzehn und musste sich darum kümmern, dass sie ihr Abitur auf die Kette bekam. Und Beate hätte sicher verstanden, wenn sie weitergegangen wäre. Vielleicht würde sie das auch irgendwann. Noch war dafür nicht die Zeit.

Gina blieb an einer Weide stehen und blökte die Schafe an, die gemütlich am Gras knabberten. Ein oder zwei von ihnen schauten zu ihr hoch. Sie lächelte. Und gleichzeitig rann eine Träne ihre Wange hinab. Trauerte sie schon? War Kata für sie schon tot? Leise hörte sie wieder Beates Stimme in ihrem Hinterkopf und was sie eine Woche nach dem Unfall gesagt hatte: »Sie haben mir die Papiere hingelegt. Die Einwilligung für die Organentnahme. Katharina ist hirntot. Aber ich kann sie doch nicht …«

Und da hatte Gina irgendwie versucht, Beate zu umarmen und zu stützen und dabei selbst nicht umzukippen oder zu schreien oder sich von der nächsten Brücke zu stürzen. Kata war tot, offiziell tot. Und

Stefan, ihr Vater, hatte gesagt, dass es vielleicht das Beste war, dass dann wenigstens Teile von Kata weiterleben würden, damit andere Menschen gerettet würden.

Sie hatten das nicht allein entscheiden wollen und deshalb Gina gefragt, und dafür würde sie die Eltern ihrer Freundin für immer lieben.

Nein, Kata wurde nicht sterben gelassen und auseinandergenommen. Aus ihrem Zimmer wurde ein Krankenzimmer, und sie schaute an die Decke mit leerem Blick, aber sie lebte noch. Wachkoma. Augen öffnen, sabbern, existieren. Ein bisschen leben.

Gina schüttelte den Kopf. Irgendwie hatte sie den Weg auch weniger anstrengend in Erinnerung. Gina grinste über sich selbst. Kata war von ihnen immer die Sportlerin gewesen. Gina wollte Filme schauen, kuscheln und quatschen, Kata schwimmen, Radfahren, tanzen gehen. Immerhin hatten sie sich auf Sex einigen können. Gina seufzte tief, als sie ihren Rucksack von der Schulter nahm. Sie setzte sich auf die Bank. Die spezielle Bank an einem Feldweg auf halbem Weg. Niemand kam unter der Woche hierher. Oh, die Erinnerung.

Kata und sie hatten sich einmal hier getroffen. Da waren sie noch nicht so richtig zusammen gewesen. Sie hatten angedeutet, was mit ihnen sein könnte. Und Kata hatte gesagt, sie könnten es ja ausprobieren.

»Was ausprobieren?«

»Na, Sex?«

Sie hatten geknutscht auf der Bank und noch ein bisschen mehr dahinter im Gebüsch.

Gina grinste bei der Erinnerung und bog ihren Rücken unwillkürlich durch. Scheiße, sie war horny! Mit geschlossenen Augen schüttelte sie den Kopf. Dann schaute sie sich um.

Kein Mensch weit und breit. Sie rutschte etwas tiefer. Schloss die Augen. Ihr Handy vibrierte.

»Fuck!«, zischte Gina und griff danach. Beate!

*Wann kommst du? Ist wichtig.*

*Ich beeil mich!*

»Da bist du ja! Ich warte schon wie auf Kohlen!« Beate begrüßte Gina mit einer fahrigen Umarmung.

»Was ist denn los? Du bist …«

»Ach, dumme Sache, der Schwiegervater hat sich beim Holzhacken die Axt in die Hand gehauen, also musste er ins Krankenhaus. Die Schwiegermutter ist mitgefahren, dann hat sie einen Schwächeanfall bekommen, weil ja ein Unglück allein nicht reicht, und … Na ja, Stefan hat ein wichtiges Meeting, und wer darf die Scherben aufsammeln?«

»Sorry, dass ich so lange gebraucht habe.«

»Ja, alles gut, ich find mich ja selbst unverschämt, wenn ich von dir erwa-«

»Beate, bitte! Muss ich noch irgendwas wissen? Wenn nein, dann fahr einfach, ich kenn mich doch mit allem aus. Drei Stunden bis zum Pflegedienst? Da kann ich mir einen schönen Nachmittag mit deiner Tochter machen!«

Gina versuchte ein freches Grinsen, aber irgendwie hatte sie das auch schon mal besser draufgehabt. Auch Beate versuchte, zurückzugrinsen, aber es wirkte nur verbissen. Gina hörte Tränen in ihrer Stimme, als sie sich hastig verabschiedete.

Sie atmete auf, als sie hörte, dass Beate endlich losfuhr. Jetzt musste sie nicht mehr künstlich fröhlich sein. Sie sammelte sich einen Moment lang, dann ging sie in die Küche, machte sich einen Tee und ging in Katas Zimmer, lud dort ihren Rucksack ab und setzte sich mit ihrer Tasse auf die Bettkante.

»Na, Süße? Wie ist es denn? Wir sind allein heute, cool, oder?« Sie nahm Katas Hand und küsste sie. Natürlich dachte sie an das erste Mal, als sie beide hier allein gewesen waren. Sie dachte jedes verdammte Mal daran. In einem anderen Bett, einem, das unter ihnen einige Male geknackt hatte. Gina lächelte traurig.

»Scheiße, du bist da, und ich vermisse dich so sehr. Weißt du was? Mir fehlt Sex! Mir fehlt so viel, dein Lachen, deine schlechte Laune, aber scheiße … Deine Hand zwischen meinen Beinen …« Sie beendete den Satz nicht. »Wenn du mich da drin jetzt hörst, dann lachst du mich aus. Gina wieder!« Sie versuchte zu lachen, wurde dann aber ganz leise. »Scheiße, ich kann deine Stimme hören. Aber ich weiß nicht, wie lange ich sie noch hören kann.« Sie wollte noch so viel mehr sagen, aber sie hatte einen Kloß im Hals, und ihr Blick verschwamm.

Katas Augen blickten mal wieder überallhin. Keine Kommunikation. Ja, die rollenden Augen, hier und da mal ein Reflex oder ein Spasmus, aber das war es halt. Kein Lächeln. Und eigentlich war da so wenig von der Kata übrig, die sie gekannt hatte. So ausgemergelt, wie sie jetzt war, eine Hülle, aber … Und doch eben Kata. Gina wollte das zumindest glauben. Und immer, wenn sie Kata ansah, dann vermischten sich die Bilder. Kata früher, Kata heute.

Gina wandte sich ab und setzte sich an Katas Schreibtisch. Sie machte Hausaufgaben, eine halbe Stunde lang. Aber eigentlich waren ihr ihre Hausaufgaben egal. Dann schrieb sie kurz mit Beate. Nein, das würde dauern, ob es okay wäre, wenn Gina bis zum Eintreffen des Pflegedienstes dableiben würde? Wenn der fertig sei, sei sie, Beate, sicherlich auch zurück. *Nein, kein Problem.*

Der Tee war kalt geworden, und Gina trank den letzten Schluck aus. Dann ging sie wieder an Katas Bett.

»Süße, ich bin mal eben Pipi, ja, und dann komm ich ein bisschen zu dir ins Bett, okay? Ich bin müde, und die Hausaufgaben sind nicht so wichtig. Und hey, was ist schöner als ein gemeinsamer Nachmittag im Bett, richtig?«

Ein paar Minuten später kuschelte sie sich an Kata, hielt sie mit einem Arm fest. Sie war leicht geworden, ihre früher so sportliche Freundin. Sie roch auch nur noch ein bisschen nach Kata. Aber immerhin.

Sie küsste Kata auf den Hals, so, wie sie das immer besonders gemocht hatte. Früher hätte Gina gesagt, Kata müsste schon tot sein, dass sie diese Küsse nicht mehr heißmachen. Makaber, was? Wann würde das eigentlich nicht mehr wehtun? Sie stellte auf ihrem Handy ein, dass sie in einer Stunde geweckt werden würde, dann schloss sie die Augen.

Sie fand eine bequeme Position, und Katas Wärme war so weich und dunkel, wie sie es immer gewesen war. Und sie schlief wirklich ein. Und dann saß sie mit Kata an der Talsperre, so wie letzten Sommer noch. Ein paar Tage vor dem Unfall. Damals hatten sie nicht so ernst miteinander gesprochen, oder? In diesem Traum sprachen sie, und sie sprachen lange. Worüber sie sprachen, wusste Gina nicht. Aber sie fühlte sich wohl, es war warm, und alles war leicht.

»Ich glaube, ich geh jetzt ins Wasser.« Als Kata diesen Satz sagte, erinnerte sich Gina an alles, und sie wollte Kata sagen, dass sie ein paar Tage später mit dem Fahrrad verunglücken würde, aber heraus kam stattdessen: »Nein, geh nicht, bitte! Bleib bei mir!«

»Warum? Lass mich doch ins Wasser gehen.« Kata klang ein bisschen quengelig.

»Nein, bleib bei mir! Weil ich nicht allein sein will, weil du mir fehlst!«

Aber Kata wandte sich ab und ging langsam aufs Wasser zu.

»Weil ich dein Lachen wieder hören will! Und weil ich dich in meinem Bett will!«

Den letzten Satz schrie Gina hinter Kata her, und die lachte und drehte sich zu ihr um.

»Ist das so? Du willst … ficken?«

Gina lachte, denn Kata hatte sie manchmal damit aufgezogen, dass sie so ordinär sprach.

»Ja, fick mich!«

Dann war Kata bei ihr und streichelte und küsste sie. Es war schön. Nur ein Traum, aber schön.

Schwer atmend und mit dem Gefühl eines abklingenden Orgasmus wachte Gina auf. Mit einer plötzlichen Scham merkte sie, dass sie im Schlaf Katas Hand zwischen ihre Beine geschoben hatte und, nun ja, offenbar an dieser Hand masturbiert hatte. Scheiße, das ging nicht. Kata konnte ja nichts sagen.

Trotzdem konnte sie Katas Hand nicht einfach zurückschieben. Nur noch ein bisschen. Die gehörte doch genau dorthin.

Und dann spürte sie, wie diese Hand zudrückte. Ganz wenig, aber da war etwas. Kein Spasmus, eine Bewegung, die nicht zufällig war. Tränen, ein tiefer Atemzug, allein die Möglichkeit, dass Kata sich wirklich bewegt haben könnte. Und dann drückte sie wieder zu, und Gina war sich plötzlich sicher, und jetzt erst schlug sie die Augen auf.

»Kata?« Wieder ein Druck!

»Bist du wirklich da, Süße?« Gina küsste ihre Freundin wieder auf den Hals, auf ihre Wange, und dann drückte Kata wieder, und Gina lachte und weinte.

»Das ist jetzt kein Spasmus?« Hatte sie das laut gesagt? Die Hand drückte zweimal zu. Langsam, aber zweimal!

»Zweimal heißt Nein?« Ein Drücken. »Scheiße, Kata, ich hab dich wieder!« Sie küsste Katas Hand und ihren Mund, und sie sah, dass dieser Mund ganz leicht zu einem Lächeln verzogen war. Aber vielleicht meinte sie das auch nur.

Gina brauchte einen Moment, bis sie sich gefangen hatte. Dann stand sie auf, zog ihre Jeans wieder an, ging noch mal aufs Klo, weniger, weil sie musste, und mehr, weil sie den Moment brauchte, um alles zu verdauen. Wie sollte sie das alles Beate erklären? Wie konnte sie die Geschichte erzählen, ohne, nun ja, Dinge zu erzählen, die nun wirklich niemanden etwas angingen? Konnte sie sich überhaupt sicher sein?

Als sie wieder bei Kata war, wirkte die so wie eigentlich immer. Augen, die nicht fokussierten, ein Speichelfaden am Mundwinkel. Hatte sie alles nur geträumt?

Sie ergriff Katas Hand und fragte sie, ob sie sie hören konnte, ob sie wusste, was passiert war, aber das Drücken kam nicht mehr so stark wie vorhin, und Gina war sich nicht mehr so sicher.

»Ich liebe dich, Kata!« Sie sagte es leise. Meinte es so. Küsste Kata auf die Nase. Streichelte ihre Hand.

Dann drückte ein Finger einmal, wieder fester, und ja, jetzt war sich Gina ganz sicher, Kata lächelte leicht.

Gina heulte. Sie heulte lange vor Glück und Schmerz und weil sie wusste, was sie verloren hatten. Ein bisschen weinte sie auch aus Angst, denn nun würde das Leben weitergehen.

# Der Sprung
*von Manuela Nimmervoll*

Hier stand ich, am Rande der gewaltigen Schlucht. Unter mir felsiger Abgrund, Hunderte Meter tief. Ich tastete mich langsam voran, bis meine Zehenspitzen leicht über den Felsvorsprung ragten. Bei dem Blick in die Tiefe versteifte sich mein Körper reflexartig – wie der eines Tieres, das sich in unmittelbarer Gefahr befand. Obwohl ich keine Höhenangst hatte, stieg Unbehagen in mir auf. So weit oben fühlte man sich plötzlich so klein.

Ich dachte an Jakob und spürte, wie mir Tränen in die Augen stiegen. Mein Brustkorb fühlte sich an, als würde eine unerbittliche Last auf ihm liegen. Seitdem er von mir gegangen war, hatte ich ständig den Eindruck, nicht mehr frei atmen zu können.

Jakob war meine große Liebe gewesen. Er hatte mir die Welt bedeutet, und dann ist er vor zwei Jahren plötzlich aus ihr entrissen worden. Er fehlte mir jede einzelne Sekunde. Jeder Gedanke an unsere gemeinsame Zeit schmerzte. Seit seinem Tod plagten mich Albträume. Ich hatte die Lust am Leben verloren. Und es war mir klar, dass sich etwas ändern musste. Denn so konnte ich nicht weitermachen. Doch ich hatte eine Lösung gefunden. Einen Weg, um ihm wieder nahe zu sein. Niemand würde mich von meinem Entschluss abhalten können – das war gewiss. Ich hatte mich darauf vorbereitet, und heute war es so weit. Heute war sein Todestag und somit der perfekte Tag für mein Vorhaben. Ich würde springen.

Deshalb stand ich hier am Rande der Klippe und nahm alles um mich herum intensiver wahr als sonst. Meinen erhöhten Puls, den Rucksack, der schwer auf meinen Schultern lastete, die Tränen, die über meine Wangen liefen. Die wärmenden Strahlen der Sonne, die mit der beißend kalten Bergluft konkurrierten, das Flüstern des Windes, das zu mir sprach und mich in die Tiefe lockte. Ich würde es tun – ein Sprung ins Nichts, in die Tiefe. Sie rief mich zu sich.

Plötzlich riss mich ein seltsames Geräusch aus meiner Trance. Als ich mich in die Richtung drehte, aus der es gekommen war, entdeckte ich eine Gämse, die nicht weit von mir entfernt über einen Felsvorsprung hüpfte. Ansonsten war keine Menschenseele zu sehen. Ich war allein – nur Jakob spürte ich bei mir.

Es hätte ihm hier gefallen. Er liebte die Natur und das Gefühl der Freiheit, das sie in einem auslöste. Bei dem Gedanken an ihn liefen erneut Tränen über meine Wangen. In den letzten zwei Jahren hätte ich mit ihnen einen ganzen Ozean füllen können. Die Liebe meines Lebens war mir entrissen worden, und der Schmerz darüber saß unfassbar tief. Jakob war der großartigste Mensch, den ich je kennengelernt hatte. Er war liebevoll und selbstlos gewesen und hatte es immer geschafft, mich zum Lachen zu bringen.

Ich hatte mich oft gefragt, warum es ausgerechnet ihn getroffen hatte. Was wäre gewesen, wenn er an diesem Tag nicht zur Tür hinausgegangen und stattdessen bei mir geblieben wäre? Was wäre gewesen, wenn ich ihn begleitet hätte? So viele *Was wäre, wenns* waren mir seither im Kopf umhergeschwirrt. Doch auf all diese Fragen gab es keine Antworten.

Der Wind hatte in der Zwischenzeit etwas nachgelassen, sodass die wärmende Kraft der Sonne nun deutlicher zu spüren war. Ich stand am Rande des Abgrunds. Der Ausblick war einzigartig, das Panorama unglaublich schön, denn die Erde präsentierte sich mir in voller Pracht – es war einfach unfassbar, was Milliarden von Jahren hervorgebracht hatten.

Erste Zweifel machten sich in mir breit. Aber mir war klar, dass es die einzige Möglichkeit war, um mit dem Ganzen abzuschließen.

Der Abschied rückte näher. Der Rucksack lastete schwer auf meinen Schultern. Ich wusste nicht, ob ich schon dazu bereit war. Doch hier stand ich, am Rande der gewaltigen Schlucht. Unter mir nichts als felsiger Abgrund, Hunderte Meter tief.

Es gab kein Zurück mehr. Es war so weit. Ich würde springen. Nun hieß es Abschied nehmen, und es fühlte sich richtig an.

Ich spürte, wie sich mein Pulsschlag erhöhte. Ich dachte nicht weiter darüber nach, sondern machte den einen Schritt in die Tiefe. Ich sprang und fiel, raste dem Boden mit unglaublicher Geschwindigkeit entgegen. Die Luft peitschte mir um die Ohren. Die Erde kam immer näher und näher.

Dann tat ich es.

Ich griff hinter mich und zog an der Schnur an meinem Rucksack, und von diesem Augenblick an passierte alles innerhalb weniger Sekunden. Der Fallschirm öffnete sich und nahm mir ruckartig die Geschwindigkeit. Das Adrenalin schoss mir ins Blut, und ich konnte meinen hämmernden Puls in den Ohren fühlen. Es dauerte einen Moment, bis ich wieder Herrin meiner Sinne war und gleichmäßig atmen konnte. Dann segelte ich mit meinem Fluggerät über die Landschaft hinweg. Ein euphorisches Gefühl überkam mich, und ich begann zu lachen. Ich hatte es getan! Ich hatte tatsächlich einen Fallschirmsprung gemacht.

Aber etwas fehlte noch. Ich holte das kleine Gefäß hervor, das ich sicher in einer Seitentasche verwahrt hatte. Darin befand sich all das, was von Jakobs menschlicher Hülle übrig geblieben war. Zögerlich öffnete ich das Behältnis, bevor ich seine Asche über der Welt verstreute. Jakob hätte es so gewollt. Ich hatte ihn an den Ort zurückgebracht, an dem er sich am wohlsten fühlte – hoch oben in die Lüfte.

Es war das Fallschirmspringen, was er so liebte und leidenschaftlich verfolgte. Doch diese Liebe hatte ihn gleichzeitig das Leben gekostet, als sich sein Fallschirm vor zwei Jahren nicht geöffnet hatte. Ich konnte bislang nicht verstehen, wie man so leichtfertig sein Leben aufs Spiel setzen konnte, und hatte ihm lange Zeit Vorwürfe gemacht. Aber nun, hier oben, weit über den Dingen, begann ich allmählich zu begreifen, was Jakob darin gesehen hatte.

Mit Tränen in den Augen blickte ich seiner Asche nach, die langsam vom Wind verweht wurde. Es war ein würdiger Abschied für einen grandiosen Menschen. *Leb wohl, meine große Liebe.*

Für mich war es nun auch an der Zeit, in die Zukunft zu blicken. Ganz plötzlich überkam mich ein Gefühl der Zufriedenheit, und als ich der untergehenden Sonne entgegenglitt, wusste ich, dass es ab diesem Zeitpunkt wieder bergauf gehen würde.

# Nur eine Pinselspitze Weiß

*von Susann Obando Amendt*

Die Autos brettern immer wieder durch diese Kurve, egal, ob es regnet, neblig ist oder schneit. Dabei steht hier ein großes Schild, das auf die *Grundschule im Stadtpark* hinweist.

Trotzdem haben es viele hier besonders eilig, Autofahrer, Radler und Kinder. Besonders die Großen aus den fünften und sechsten Klassen rennen hier entlang, kurz vor dem Klingeln zum Unterricht oder wenn sie nach Hause wollen. Manche von ihnen beeilen sich so sehr, als würde ein plötzlicher, sonderbarer Frost sie weitertreiben.

Eigentlich müssten die Autos hier langsam fahren, und parken dürfte hier auch keines mehr, damit jeder die Kinder sieht. Das zumindest denkt Milo, der auf dem obersten Holm des Geländers sitzt, das die Straße von dem Fußweg zum Schulgelände trennt, ebenso wie eine Gruppe Mädchen, die gerade lachend an ihm vorübergehen, sich die Arme reiben und verstohlen umsehen.

Milo seufzt und betrachtet die Metallstrebe unter sich.

Immer sitzt er inmitten dieser Eisblumen, Ranken und Blätter, alle aus frostigem Kristall. Irgendwie sind sie wunderschön, und doch passen sie nicht zu diesem sonnigen Septembertag. Auch nicht zu den meisten anderen Tagen. *Sonnenschein und Eisblumen, wie unheimlich,* würde seine Mama sagen.

*Mama.*

Der Junge schaut auf und blinzelt in die tief stehende Sonne. Schwalben zischen durch den blassblauen Herbsthimmel und landen auf dem Rand der Regentraufe am Schuldach.

Früher hat seine Mutter diese Vögel immer bewundert, wenn Milo und sie diesen Weg entlanggegangen sind. Früher sind sie oft von der Schule nach Hause spaziert, auch wenn seine Mutter stets davon erzählt hat, was sie noch für das Büro tun musste. Damals hat sie sich Zeit für den Weg genommen. Heute nicht mehr. Bestimmt konnte sie den Anblick der leer gebrannten Grablichter am Straßenrand nicht mehr ertragen. Dabei würde Milo gern ihr Lachen hören oder in ihre Augen sehen, wenn sie sein Geschenk bekommt.

Entschlossen springt er vom Geländer, greift in die Hosentasche und zieht ein Päckchen heraus.

Doch als er es öffnen will, hört er ein vertrautes Klappern. Da ist Jonas mit seinem Fahrrad; täglich holpert er hier über die Pflastersteine. Jetzt tritt er besonders kräftig in die Pedale. Er biegt gerade auf die Straße, da gerät die Schultasche auf seinem Gepäcksitz ins Rutschen. Jonas bremst, hält und angelt nach ihr.

Plötzlich ertönt das Quietschen von Bremsen, ein Auto schießt heran. Milo kann das erschrockene Gesicht der Fahrerin erkennen, dann das von Jonas, der nicht begreift.

»Pass auf!«, ruft Milo, aber Jonas rührt sich nicht.

Milo rennt los. Er packt Jonas an der Jacke und zieht mit aller Kraft. Ein Krachen, Splittern. Jonas' Fahrrad verschwindet unter dem Auto wie eine Robbe im Schlund eines Hais. Metall kreischt laut, dann steht das Fahrzeug still. Im Inneren rührt sich nichts.

»He!« Milo rüttelt an Jonas' Jacke.

Jonas rührt sich nicht, sein Blick ist starr auf das Auto gerichtet, unter dem das Vorderrad seines Fahrrads hervorlugt.

»Alles klar?«, fragt Milo.

Weil Jonas nicht antwortet, führt er ihn zum Bordstein und drückt ihn darauf nieder.

Auf der anderen Straßenseite hält ein Auto, vor den Jungen stoppt ein weiteres, vom Gelände der Schule nahen Schritte. Schreie ertönen,

Angst hallt durch die Luft, jemand ruft nach der Feuerwehr. Schüler nähern sich, einige weinen, zwei Männer steuern auf den Wagen zu.

»Können Sie uns hören?«, fragt der eine, bevor es ihnen gelingt, die Seitentür zu öffnen.

Sachte legen sie die bewusstlose Fahrerin auf die Straße und drehen sie auf die Seite.

»War ganz schön knapp«, wispert Milo.

Jonas starrt auf die Straße.

»Ich wollte doch nur meine Tasche«, sagt er.

Milo legt ihm die Hand auf die Schulter. Langsam wendet Jonas den Kopf, kann sich kaum losreißen von dem Geschehen. Endlich schaut er Milo ins Gesicht. Guckt, guckt noch mal, weicht zurück. »Du?«

»Alles klar bei dir?«, will Milo wissen.

»Ja.« Es klingt zweifelnd. Wieder starrt Jonas auf die Straße.

»Ist auch echt holprig hier«, erklärt Milo und zeigt Jonas sein Päckchen. »Das ist mir runtergefallen, als ich mit dem Fahrrad vom Schulgelände gesaust bin. Musste auch anhalten. Ich hatte es nicht tief genug in die Tasche gesteckt.«

Jonas schaut ihn verwirrt an, sodass Milo das Päckchen öffnet. Tuben mit Acrylfarbe liegen darin, die mit weißer Farbe ragt ein Stück hervor.

»Hat Frau Metzner mir geschenkt«, erzählt Milo, »die Kunstlehrerin. Eigentlich wollte ich nur eine Tube Weiß für Mama, aber Frau Metzner meinte, ich kann die ganze Schachtel haben.«

»Aha«, sagt Jonas, aber begreifen kann er nicht.

Milo nickt. »Meine Mama hat früher gemalt. Mit Staffelei und Farben und einem Leuchten in den Augen. Sie hat immer gesagt: Man braucht nur eine Pinselspitze Weiß für die Augen, dann erwacht jede Figur zum Leben. Damals war sie so glücklich. Heute müsste man ihr eine ganze Tube Weiß in die Augen quetschen, damit ein bisschen Licht hineinkommt.«

»Wieso?«

»Weil Mama das Malen aufgegeben hat. Seit zwei Jahren arbeitet sie nur noch in einem Büro und ist gestresst. Sogar zu Hause sitzt sie nur noch am Computer. Die Staffelei und die Farben hat sie völlig vergessen. Mich auch.« Milo dreht die Tube Weiß hin und her. »Ich möchte so gern meine Mama sehen, wenn sie wieder strahlende Augen hat. Sie fehlt mir.«

Milo verstummt, Jonas neben ihm schluckt.

Ein Martinshorn ertönt, und nicht nur ein Rettungswagen erscheint, sondern drei. Milo erhebt sich und beobachtet, wie die Fahrzeuge an der Unfallstelle halten. Feuerwehrleute steigen aus. Sie nähern sich der ohnmächtigen Frau, andere gehen zu einer kleineren Gestalt weiter hinten.

Milo lächelt. »Du schaffst das.«

»W-was?«, stammelt Jonas erschrocken und steht auf.

Langsam tritt Milo beiseite. Jetzt kann Jonas klar erkennen, was vor sich geht. Es ist ein Junge, der dort auf der Trage liegt, so groß und so angezogen wie er.

»Du schaffst das«, wiederholt Milo mit fester Stimme. »Du bist stärker als ich.«

Jonas antwortet nicht. Jäh starrt er erst Milo an, dann den Jungen auf der Trage.

Milo betrachtet die Schachtel in seiner Hand. Sorgsam steckt er die Tube Weiß zurück. Dann schiebt er Jonas das Päckchen in die Hosentasche. Jonas zuckt zusammen, und in der Tasche des Jungen auf der Trage zeichnet sich etwas Rechteckiges ab.

»Du wirst bei Mama vorbeigehen, oder?«, fragt Milo hoffnungsvoll. »Ihr die Farben geben und den Tod verscheuchen, der sich bei ihr eingeschlichen hat.«

»A-aber wie soll ich ... Ich meine ... Du bist doch ... Das Auto damals ... Ich kann das nicht.«

Milo lächelt matt. »Ich rede doch von meiner Mama.« Seine Stimme ist jetzt ganz leise. »Sie hat aufgehört, an sich zu glauben. Aber das muss sie. Und wieder lachen. Und malen und mit ihren Bildern die Menschen berühren, wie sie es immer wollte. Ich wünschte, ich hätte noch die Stimme, um ihr das zu sagen. Deshalb musst du das für mich tun. Verstehst du?«

Jonas schweigt. Eine Träne rinnt an seiner Nase hinab, dann noch eine, und endlich, endlich nickt er und schafft sogar ein Lächeln.

»Danke«, wispert Milo und schaut zu den Schwalben empor, die auf der Dachtraufe zwitschern. »Ich kann jetzt gehen«, wispert er. »Ich darf diesen Ort verlassen. Sie haben es mir gesagt.«

»Die Schwalben?«, fragt Jonas verdutzt.

Milo nickt. »Sie sagten, wenn jemand wie ich eine andere Seele rettet, dann wird er eine Schwalbe. Das heißt, ich werde fliegen und die Welt sehen und Menschen begleiten können, die mir wichtig sind. Und Mama liebt Schwalben«, flüstert er. »Wenn ich im nächsten Frühjahr mit diesen Vögeln aus dem Süden zurückkehre, dann werde ich nach Mama sehen und bei ihr bleiben, bis ich das Weiß in ihren Augen wieder blitzen sehe. Und du, du wirst gesund werden und wieder Rad fahren, und was viel wichtiger ist – du wächst jetzt auf.«

# Niemandsland

*von Volker Oslender*

*Als der Regen kommt*
*Und bauchige Tropfen wütend protestieren*
*Schließe ich die Vorhänge*
*Lege meine Hand auf Deine*
*Spüre die Kälte aus Deinen Poren strömen*
*Sie passt nicht zu Deinem friedlichen Gesicht*
*Du lächelst in Dich hinein – so scheint es*
*Bereit zur Versöhnung mit der steinernen Welt*
*Ich sitze neben Dir*
*Mit schweren Augenlidern*
*Und bruchstückhaften Erinnerungen*
*Scheibenweisen Parodien des Seins*
*Niemand wird sie mir nehmen können – ich weiß*
*Aber eigne ich mich als Hort vergangenen Lebens?*
*Dein Lächeln im Herzen*
*Deine Aura im Zimmer*
*Deine klamme Hand in meiner*
*Noch ein Kuss auf die blutleere Wange*

Meine Tränen gefrieren innerlich
Zeit zu weinen hatte ich noch nicht
Das würde Dir auch nicht gefallen
Wie brüchiges Pergament spannt
Deine Haut über den Handrücken
Kleine Wulste schimmern bläulich hindurch
Als würden sie im Lufthauch zerbersten können
Alles an Dir scheint zerbrechlich
Und doch so rau und herrschaftlich
Meine Königin der Glaskuppel
Die Augen geschlossen für die Ewigkeit
Schaust Du dennoch zu mir herüber
Forderst mich auf zum letzten Tanz
Bis die Kathedrale über uns zusammenbricht
Beide überschreiten wir Grenzen
Laufen barfuß in strömendem Regen
Pflücken Brombeeren im Februar
Baden in Lavafeldern
Halten unsere Hände
Wir halten sie fest
Unerschrocken und zärtlich

# One moment in forever

*von Jasmin Lincke*

Er seufzte schwer. Der Tod zu sein hatte seine Vorzüge, Unsterblichkeit beispielsweise oder die Tatsache, dass sein makelloses Gesicht bis ans Ende aller Tage nicht älter als sechsundzwanzig aussehen würde. Geregelte Arbeitszeiten gehörten jedoch nicht dazu. Missmutig strich er einen Namen von der Liste der Seelen, auf der sofort fünf neue erschienen. Sterben taten die Leute 24/7.

Das Pergament in seinen Händen raschelte, als er es zusammenrollte, um die Arme vor der Brust zu verschränken. Die Menschen stellten sich den Übergang vom Leben in die Nachwelt oft furchteinflößend und voller Schatten vor. Mit einer grausamen Vorhölle oder dem Ort der Verdammnis hatte das Zwischenreich allerdings wenig gemein.

Während der Tod seinen Blick über die Weiten der *Ewigen Gefilde* schweifen ließ, zuckten seine Lippen angesichts der Ironie. Zwar bezeichnete er das Land gern als seines, doch es hatte einen eigenen Willen. In diesem zeitlosen Augenblick befand er sich deshalb am Rande einer Lichtung und lehnte mit dem Rücken an einer alten Eiche, die zu einer Allee gehörte. Warme Sonnenstrahlen fielen durch das bunte Blätterdach, und hinter den Hängen erstreckten sich die Baumkronen bis zu den Füßen mächtiger Berge. Obwohl die Landschaft frei von Dimension oder Raum existierte, war sie das Ebenbild eines Herbstmorgens im Oktober.

Belustigt schüttelte er den Kopf, als der Wind ihm eine dunkle Locke in die Stirn blies. Ja, die Sterblichen waren oft überrascht, wenn sie durch den Schleier der Vergänglichkeit zu ihm fanden. Er sah in Richtung des golden pulsierenden Portalwirbels am Ende der Baumreihe, doch noch stand er allein zwischen den hohen Eichen. Das würde sich allerdings jeden Moment ändern.

Früher oder später kamen sie alle bei ihm vorbei. Politiker, Waisenkinder, Mafiosi, Mörder, Heilige oder Könige. Ganz egal, wie mächtig, alt oder religiös sie gewesen waren, der Weg ins Jenseits führte jeden durch sein Reich. Der gängigen Annahme zum Trotz war er deshalb alles andere als einsam. Im Gegenteil.

Erschöpft ließ er den Kopf gegen den Stamm sinken und seufzte noch einmal. In letzter Zeit war für seinen Geschmack beinahe zu viel los. Einst hatte er tiefgründige Gespräche mit Shakespeare, Da Vinci oder Gandhi geführt. Heute war er froh, wenn er den Verstorbenen die Angst nehmen konnte, bevor der nächste Klient durch das Portal trat, um seine Reise in die Nachwelt anzutreten.

Nachdenklich fing der Tod ein Blatt aus der Luft. Er vermochte nicht zu sagen, was sich geändert hatte, aber die Welt der Irdischen war im Wandel. Überdauert hatten dagegen die Reaktionen auf seine Wenigkeit. Inzwischen mussten es eine halbe Billion Gesichter sein, von denen in 4,6 Milliarden Jahren jedes einzelne Verwirrung, Erstaunen und schließlich Erleichterung gespiegelt hatte.

Der Tod wusste nicht, wie die Menschen auf die Idee der dunklen Kapuzengestalt gekommen waren, doch sie hielt sich hartnäckig. Immer wieder wurde er nach der Sense gefragt, mit der er die Schicksalsfäden durchtrennte. Fakt war, dass er keine Ahnung hatte, was er mit einer solchen Sichel hätte anfangen sollen, und dass es nicht an ihm lag, zu entscheiden, wer sterben sollte.

»Tod«, unterbrach plötzlich eine samtweiche Stimme seine Gedanken, und er zuckte zusammen: »Du siehst gut aus.«

Er hatte den warmen Tonfall seit einer Ewigkeit nicht vernommen, aber einen Klang wie diesen vergaß man nicht. Sofort blitzte in seinem Geist das Bild von flüssigem Honig an Erdbeeren auf, und seine Mundwinkel zuckten. Ehe er hochschaute, wusste er, wen er vor sich sehen würde. Trotzdem raubte ihm der Anblick den Atem, und einen stolpernden Herzschlag lang war er froh über den Baum in seinem Rücken.

Obwohl sie wie er selbst in Schwarz gekleidet war, war sie zweifelsfrei das schönste Wesen, welches die Schöpfung je hervorgebracht hatte. Langes rotes Haar quoll aus einem Zopf und floss ihr in feurigen Wellen über die Schultern. Markante Züge rahmten ein Gesicht und formten das Abbild der Perfektion. Sein Blick wanderte zu sündhaft vollen Lippen, deren Verheißung schon so mancher erlegen gewesen war, ehe er an charmanten Grübchen hängen blieb. Doch das Faszinierendste waren ihre Augen, von einem intensiven Smaragdgrün. In ihnen brannte ein Feuer, das jeden um den Verstand brachte, der zu lange hineinsah. Fast hätte der Tod eine Hand nach ihr ausgestreckt, aber es gelang ihm, sich zu beherrschen.

Er hatte sie nicht kommen sehen. Natürlich nicht. Das tat man nie ….

»Liebe«, begrüßte er die schöne Besucherin und versuchte, sich seine Überraschung nicht anmerken zu lassen. Stattdessen hob er eine Augenbraue und zwang sich, die Arme auszubreiten. »Wie lange ist das her? Ich glaube, wir haben uns seit Orpheus und Eurydike nicht mehr gesehen. Bist du gekommen, um mir eine Seele abzuschwatzen? Du weißt, dass ich niemandem Aufschub gewähren kann.«

Ihr Schmollmund verzog sich zu einem gequälten Lächeln, während sie sich mit einer Hand über das rote Haar strich. »Ich fürchte, ich bin nicht freiwillig hier«, erwiderte sie unerwartet ernst. »Ich schätze, ich sterbe.«

Es dauerte einen Moment, bis die Bedeutung ihrer Worte zu ihm durchdrang. »Was?«, fragte er dann.

Sie seufzte schwer und rieb sich die Stirn. »Ich sterbe«, wiederholte sie matt. »Und es gibt nichts, das ich dagegen tun könnte.« Der Tod setzte an, etwas zu erwidern, aber sie schüttelte den Kopf und deutete auf das Pergament in seinen Händen. »Sieh nach«, verlangte sie tonlos.

Mit einem unguten Gefühl öffnete er die Liste der Seelen und tat wie geheißen. Obwohl sich die Schriftrolle seit Anbeginn der Zeit in seinem Besitz befand, wies sie keinerlei Gebrauchsspuren auf. Wie immer stachen ihm zuerst die goldenen Namen ins Auge. Sie waren in der *Alten Sprache* verfasst und wechselten im Sekundentakt ihre Reihenfolge, da ständig neues Leben geboren wurde.

Doch seine Aufmerksamkeit galt den Seelen im oberen Drittel, die – gekennzeichnet durch schwarze Tinte – das Ende ihrer Existenz erreicht hatten.

Ein Blick genügte, um sich Gewissheit zu verschaffen. Dennoch las der Tod die erste Zeile dreifach, bevor er sich der Liebe zuwandte. Er musste nicht aussprechen, was offensichtlich war. Jetzt erkannte er auch, wie mitgenommen sie aussah. Trotz ihrer Schönheit wirkte sie blass und abgekämpft. Geräuschvoll stieß er die Luft aus, bevor er die Liste mit einem Fingerschnippen verschwinden ließ. Das letzte Mal, dass er dadurch die Zeit angehalten hatte, war kurz darauf die Sintflut hereingebrochen, doch wenn die Liebe starb, würde die Welt bald größere Probleme haben als ein bisschen Regen.

»Lass uns ein Stück gehen«, befand er und bot ihr seinen Arm. Die schöne Frau nickte, und einen Augenblick später umfing ihn ihr Duft von Flieder und Apfelblüten. Blätter knisterten unter ihren Füßen, als er sie aus dem Schatten der Eichen hinausführte und sie die Wiese betraten.

Eine Weile gingen sie schweigend nebeneinanderher, während der Wind das kurze Gras zum Tanzen brachte. Der Tod beobachtete ein verirrtes Gänseblümchen, das sich dem Luftzug zu widersetzen versuchte, ehe er die Stille brach.

»Wie ist das möglich?«, wollte er wissen.

Seine Begleiterin tat, als würde sie die Berge betrachten, doch ihre Gedanken schienen in weiter Ferne. Als sie zu sprechen begann, war der Schmerz in ihrer Stimme kaum zu ertragen: »Die Menschen vergessen mich. Sie wenden sich voneinander ab, setzen falsche Prioritäten und verlieren die wichtigen Dinge aus den Augen. Hinzu kommt, dass alle gegen mich arbeiten – Krieg, Hunger, Hass … sogar du.«

Er blieb stehen und zwang sie, sich ihm zuzuwenden. »Ich arbeite nicht gegen dich«, stellte er klar. »Meine Rolle war stets neutral.«

Plötzlich sprühten ihre grünen Augen, und er sah die Leidenschaft, welche einst ganze Städte in Asche gelegt hatte. Wütend stieß sie ihm einen Finger vor die Brust. »Aber du reißt sie auseinander. Und dann wenden sie sich von mir ab oder verlieren den Glauben.«

Der Tod wusste nicht, was er darauf erwidern sollte. Es stimmte, was sie sagte, aber das war das Gesetz des Lebens, und sie kannte es, ebenso wie er selbst.

Genauso schnell, wie der Zorn der Liebe gekommen war, verflog er darauf. »Es tut mir leid, ich…« Sie brach ab und biss sich auf die Lippe. Ihre nächsten Worte schienen sie Überwindung zu kosten. »Ich will nicht sterben«, flüsterte sie, so leise, dass er es kaum verstand.

Schweren Herzens betrachtete der Tod ihr schönes Gesicht. Er wusste, was sie empfand. Im Gegensatz zu sterblichen Seelen gab es für Geschöpfe des Anfangs keine Nachwelt. Es war lange her, dass ein solches Wesen in seinem Beisein den letzten Atemzug getan hatte, doch er erinnerte sich gut daran. Wenn die Liebe starb, würde sie nirgendwo hingehen. Sie würde sich auflösen und aufhören zu existieren. Das war der Preis für die Ewigkeit.

Besorgt ergriff er ihre Hand und wartete, bis sie zu ihm aufschaute. Als er sah, dass ihre Augen verdächtig schimmerten, krampfte sich etwas in ihm zusammen. Er wollte ihr helfen, nur …

»Ich weiß, du kannst nichts tun«, kam sie ihm zuvor, und er nickte.

»Ich kann dich nicht retten«, erklärte er traurig und erkannte die Überreste einer verzweifelten Hoffnung in ihr zerbrechen.

Trotz der überwältigenden Furcht, die darauf von ihr zu ihm überschwappte, schaffte er es nicht wegzusehen. Das satte Grün hielt seinen Blick gefangen, und er hatte das Gefühl, in zwei bodenlose Abgründe zu stürzen. In diesem Moment war er sicher, ihr Tod würde seine Seele mit sich in die unendlichen Weiten des Nichts reißen.

Entgegen jeder Vernunft trat er einen Schritt näher an sie heran. »Ich kann dich nicht retten«, murmelte er nachdenklich und strich ihr eine rote Strähne aus der Stirn. »Aber vielleicht kann ich dich lieben.«

Ihre Pupillen weiteten sich überrascht, als seine Hände ihr Gesicht umfassten und seine Lippen ihre fanden. Den Bruchteil einer Sekunde zögerte sie, dann schlang sie die Arme um seinen Hals und zog ihn näher zu sich.

Der Kuss war heiß und süß wie eine laue Sommernacht. Ihre Haut fühlte sich weich unter seinen Fingern an, bevor alles andere zur Bedeutungslosigkeit verblasste. Der Tod wusste nicht, ob das Liebe war, doch er wünschte, der Moment würde nie enden. Mit jedem Atemzug trank er ihren Duft, während die Zellen seines Körpers unter ihrer Berührung in Flammen aufgingen.

Als er sich schließlich keuchend von ihr löste, lehnte er die Stirn gegen ihre.

»Tod, was hast du getan?«, wisperte die Liebe an seinen Lippen.

»Was nötig war«, entgegnete er heiser.

Sie legte eine Hand an seine Wange, und er schloss die Augen.

»Aber dir ist nur ein einziger Kuss bestimmt …«

Er hörte Ehrfurcht in ihrer Stimme und sah sie an. »Unsere Schicksale sind nun bis ans Ende aller Tage verbunden. Durch meine Liebe wirst du leben.«

»Doch zu welchem Preis?«, flüsterte sie. Ihre schönen Züge spiegelten Bedauern wider. »Wir leben in unterschiedlichen Reichen. Sie werden nicht zulassen, dass wir uns wiedersehen. Vor allem wenn sie erfahren, durch welche List ich dem Ende entronnen bin.«

Der Tod nickte und versuchte, sich jedes Detail ihres Zusammenseins einzuprägen. »Ich weiß«, raunte er leise und zeichnete die Konturen ihrer Lippen mit dem Daumen nach. »Du kannst dir nicht vorstellen, wie sehr ich mir wünschte, es wäre anders.« Er lächelte traurig. »Aber die Welt braucht dich, Liebe. Und unsere Aufgabe ist es, ihr zu dienen.«

Schweren Herzens wollte er sie freigeben, doch sie hielt ihn zurück.

Einen Moment schien sie auf den Grund seiner Seele zu blicken. Dann schenkte sie ihm einen weiteren ihrer Küsse.

»Danke«, hauchte sie leise, und er spürte ihren Atem an seinem Hals. »Ich stehe in deiner Schuld.«

Als sie zurücktrat, um die Unsterblichkeit ohne ihn zu verbringen, kostete es ihn all seine Willenskraft, sie nicht davon abzuhalten.

# Dies ist eine Liebesgeschichte
## von Hannah Perleth

Es war wie ein Traum. Eine Geschichte, wie ich sie vorher nur aus Büchern kannte und aus viel zu kitschigen Filmen. Nie hätte ich gedacht, dass mir mal so etwas passieren würde.

Dabei begann alles ganz unspektakulär. Ich war abends mit einer Freundin verabredet. Der Tag war warm und sonnig gewesen, aber jetzt, in der Dunkelheit, wurde es unangenehm kühl, und ich beeilte mich, vom Bahnhof in die Bar zu kommen. Meine Freundin war noch nicht da, also setzte ich mich an einen der kleinen Tische und bestellte ein Glas Wein.

Da bist du mir zum ersten Mal aufgefallen. Du saßest einsam an der Bar und starrtest auf dein Handy. Als ich meinen Stuhl zurechtrückte, sahst du kurz auf. Unsere Blicke trafen sich, ein halbes Lächeln, dann war der Moment wieder vorbei. Mein Wein kam. Ich nahm gerade den ersten Schluck, als mein Handy klingelte. Es war meine Freundin, die sich entschuldigte, sie würde es doch nicht schaffen. Ihre Begründung war gut, aber ich war trotzdem enttäuscht. Als ich aufgelegt hatte, starrte ich mein volles Weinglas an.

*Na gut*, dachte ich, *dann trinke ich eben allein.*

Ich musste einen traurigen Eindruck gemacht haben, wie ich so dasaß und einsam in mein Glas schaute.

»Auch versetzt worden?«

Ich werde nie den Klang deiner Stimme bei diesen ersten Worten vergessen. Sie war sehr tief und weich und sie schien nur für mich bestimmt zu sein.

Perplex sah ich auf. »Äh ... ja«, stammelte ich.

»Ich auch«, sagtest du. »Man kommt sich ganz schön erbärmlich vor, was?«

Ich musste lachen. »Allerdings.«

Du fragtest, ob du dich setzen darfst. Ich zögerte einen Moment, aber mir fiel kein Grund ein, der dagegensprechen würde. Im Gegenteil. Ich mochte deine Stimme. Ich mochte deine Augen. Ich mochte die Art, wie du mich ansahst – als ob ich der einzige Mensch im Raum wäre.

Wir redeten. Es war so leicht, dich kennenzulernen. Wie atmen. Ich musste nicht darüber nachdenken, es passierte ganz automatisch.

Es war wie ein Wunder. Ich hatte immer Schwierigkeiten gehabt, mich Menschen zu öffnen, aber hier saß ich und redete mit einem Fremden über die allerpersönlichsten Dinge.

Nur dass du dich bald nicht mehr wie ein Fremder anfühltest.

Ich bestelle noch ein Glas Wein. Du fragst nach meiner Kindheit, meinen Eltern. Ich rede wie ein Wasserfall, aber das Beste ist, dass du mir wirklich zuhörst. Nicht eine Sekunde lässt dein Blick mich los, du bist voll konzentriert auf mich.

Die Zeit vergeht, ohne dass ich es merke. Unter dem Tisch stößt dein Knie versehentlich gegen meins, deine Hand streift meinen Unterarm, als du nach einer Serviette greifst. Ich frage dich, was du so machst, und du erzählst von deiner Arbeit in der Bank, deinen nervigen Mitbewohnern, einer Arbeitskollegin. Ich mache einen dummen Witz, und du lachst schallend.

Irgendwann sehe ich auf die Uhr und stelle fest, dass es spät ist. Sehr spät.

»Komisch, ich hab gar nicht gemerkt, wie die Zeit vergangen ist«, sagst du.

»Ich auch nicht«, erwidere ich und muss über mich selbst schmunzeln.

»Unglaublich, oder?«, murmelst du. Du zögerst, dann fährst du fort: »Bitte sag, wenn ich spinne, aber das hier ist nicht normal, oder? Da ist doch irgendwas zwischen uns, eine Verbindung, eine ... Ich weiß gar nicht, wie ich es ausdrücken soll.«

Ich lache, atemlos, verzückt, dass er meine Gefühle in Worte fasst, dass es ihm genauso geht. »Du bist schon ganz nett«, sage ich kokett, zwinkere ihm zu.

Er fasst sich an die Brust, als hätte ich ihn tödlich getroffen. »Darf ich dich wiedersehen?«, fragt er dann.

Die Antwort ist einfach. Trotzdem sehe ich auf die Uhr. Meine letzte S-Bahn fährt bald. »Ich muss los«, seufze ich.

Du nickst bedauernd und bestehst darauf, mich zum Bahnhof zu begleiten.

»Man weiß nie, wem man um diese Uhrzeit begegnet«, sagst du.

Ich habe ein rotes Kleid an. Als ich meine Jacke darüberziehe, streifen deine Finger ganz kurz meinen Rücken.

»Rot wie Blut«, sage ich scherzhaft.

»Wenn dir jemand ein Messer in den Rücken stechen würde – in diesem Kleid würde es nicht auffallen.«

Ich höre das Lächeln in deiner Stimme.

Wir machen uns auf den Weg. Deine Hand streift immer wieder meine, schließlich verflechten sich unsere Finger. Ich lache viel auf dem Weg, du erzählst eine lustige Geschichte. Ich achte kaum auf unsere Schritte, auch nicht, als du vor der Unterführung zum Bahnhof abbiegst.

»Ich kenne eine Abkürzung. Da unten ist es so ungemütlich um die Uhrzeit«, sagst du.

»Ach, mich stört es nicht«, sage ich, aber ich lasse mich bereitwillig von dir mitziehen.

Ein leichter Wind kommt auf. Ich fröstele. Im Stillen warte ich darauf, dass du mir deine Jacke anbietest, aber du verstärkst nur den Griff um meine Hand. Meine Absätze klingen laut auf den Pflastersteinen. Auf dem Weg zum Bahnhof sind noch einige Menschen unterwegs gewesen, die meisten in Gruppen, lachende, redende, gestikulierende Menschen.

Hier umfängt uns die Stille des Mauerwerks. Die Gasse führt an der Stadtmauer entlang, sie ist eng und gewunden. Als ich eine Bemerkung dazu mache, lachst du, aber hier, im Dämmerlicht, klingt dein Lachen plötzlich anders. Als hätte sich ein dunkler Unterton eingeschlichen wie ein ungebetener Gast.

»Den Weg kenne ich gar nicht«, sage ich. »Kommen wir dann hinter dem Bahnhof raus?«

Du nickst kurz, abgehackt. Meine Tasche rutscht von meiner Schulter, ich will meine Hand aus deiner lösen, aber du lässt mich nicht. Stattdessen zeigst du nach oben.

»Guck mal, da ist ein Stern«, sagst du, aber ich sehe nur die dunklen Schatten vorbeiziehender Wolken.

Und auf einmal verschiebt sich die Wirklichkeit.

Du sagst: »Ich konnte den ganzen Abend den Blick nicht von dir abwenden. Schon als du reingekommen bist. Du bist mir sofort aufgefallen.«

Ich lächle, aber ich wende den Kopf ab. Die Stille drückt schwer auf meine Ohren. Da sind zwar Geräusche, Stimmen, andere Menschen, aber sie sind hinter der Mauer, so weit entfernt, dass sie auch auf einem anderen Planeten sein könnten. Hier sind nur wir, du und ich.

»Müssten wir nicht bald da sein? Meine S-Bahn fährt gleich«, sage ich hastig.

»Ach, vergiss doch die dumme S-Bahn. Du willst doch nicht wirklich gehen, oder?«

»Bitte lass meine Hand los«, sage ich und versuche, die aufkommende Panik zu unterdrücken.

»Gerne doch«, sagst du, aber im nächsten Moment hast du die Arme um meine Schultern geschlungen. Deine Stimme klingt immer noch weich, so, als wäre ich zerbrechlich, eine Kostbarkeit, die du in den Händen hältst.

Ich habe Schwierigkeiten zu atmen. Meine Gedanken rasen, ich sage noch einmal, dass du mich loslassen sollst, ich winde mich, ich versuche dich zu treten, ich schreie um Hilfe, aber du presst eine Hand auf meinen Mund.

»Hier ist niemand außer uns beiden«, flüsterst du.

Und du hast recht.

Es ist wie ein Traum. Eine Geschichte, wie ich sie vorher nur aus Büchern kannte und aus gruseligen Filmen. Nie hätte ich gedacht, dass mir mal so etwas passieren würde.

Dies ist eine Liebesgeschichte. Dies ist eine Liebesgeschichte. Dies ist eine –

# Ohne dich

*von Christina von Lossow*


*Und über meinen Himmel gespannt*
*die Schönheit liebender Stunden,*
*doch sie blieben gezählt*
*Und in der Suche, wo in den Gedichten immer Sonntag blieb*
*Und ich hätte dich erfunden,*
*wenn nicht getroffen,*
*doch niemals auf den Straßen erkannt*
*Heute Nacht, wer bin ich?*
***immernoch*** *in Verlorenheit*
*der heutigen Klänge*
*immer noch zähle ich zu meinem Ende*
*mit Fingern voll Staub*
*in der Illusion der Liebenden*
*hatte das Leben einen Sinn*

# Der Flügelschlag eines Schmetterlings
## von Annette Klinke

Geliebter Tim, die Zeit, die ein Schmetterling für einen Flügelschlag braucht, reicht manchmal aus, um das ganze Leben um 180 Grad zu drehen.

*Unheilbar* – das war unser *Flügelschlag*, das Wort, das, einmal ausgesprochen, unser altes Leben mit einem Knall hinwegfegte. Du weißt selbst, was dann folgte: Chemotherapie, Qualen, Verzweiflung, Verfall, Würdelosigkeit, zwischendurch aber auch immer wieder frühlingsgrüne Hoffnung und silbrige Tage, die strahlende Bahnen auf deiner Lebensstraße hinterließen.

Ich war Gast auf deinem Boot in Seenot, schlingerte mit dir bei der einen Woge nach links, bei der nächsten nach rechts und versuchte, mich festzuhalten, so gut es ging. Fast hätte es mich zerschmettert. Es tat so unglaublich weh, deinen langsamen Verfall mitzuerleben, den du selbst nicht wahrhaben wolltest. Oft fühlte ich mich hilflos und ohnmächtig. An manchen Tagen dachte ich, ich schaffe es nicht, aber das Schiff zu verlassen, war keine Option. Wir funkten SOS, doch kein Boot war in Reichweite. Auch der Steuermann war längst von Bord gegangen, und so trieben wir orientierungslos mitten im Ozean. Ich genoss die kleinen Pausen mit dir in den Wellentälern und den funkelnden Sternenhimmel in der Nacht, erlebte sehr bewusst unsere Nähe und speicherte sie in mir ab »für die Zeit danach«. In so einem Moment rammte uns ein Eisberg, das Ende kam schnell und unverhofft.

Seitdem treibe ich mit dem Rettungsring um den Hals im Eiswasser, strample mit den Beinen, um nicht zu ertrinken, und starre fassungslos auf den Strudel, wo eben noch dein Boot trieb. Alles ist still. Den Schrei in meinem Inneren höre nur ich. So viel habe ich gegeben und konnte dich doch nicht über Wasser halten. Es ging auf einmal so schnell. Meine Seele stolpert langsam und ungläubig hinterher. Ich habe dich verloren. Mein Kopf wusste die ganze Zeit, dass du sterben wirst, aber mein Herz hat bis zum Schluss auf ein Wunder gehofft. Nun bist du fort. In mir ist es leer, und mir schaudert vor der Endgültigkeit deines Nicht-Seins.

Alles ist nass hier. Woher kommen die vielen kleinen Regenbäche auf meinem Arm? Mein Körper hat schon losgelassen, bevor mein Herz endgültig begreift. Die Traurigkeit greift mit langen Klauen nach mir und hält mich fest im Griff. Und sie schüttelt mich und schluchzt in mir, lange und unkontrolliert. Bin das wirklich ich?

Abschiedstag. Ein Blumenmeer. Stimmen. Berührungen. Umarmungen. Musik. Kerzen. Dein starrer Körper und deine Streichelhände, die gefaltet auf deinem Bauch liegen, sind mir fremd. Ein letztes Mal streiche ich über deine kalten Lippen und nehme Abschied von deinem Mund, der so zärtliche Worte formen konnte. Du und ich – das war einmal. Die Welt verschwimmt hinter einem Tränenschleier. Ich dachte, ich wäre darauf vorbereitet gewesen – was für ein Trugschluss. Mit diesem wilden Schmerz habe ich nicht gerechnet. In Gedanken stehe ich neben mir und sehe eine blasse weinende Frau, die ich gerne in den Arm nehmen würde.

Tränenflut. Erschöpfung. Schlaf. Gnädiges Vergessen. Das Land der Trauer ist eine bleigraue Wüste. Die Zeit wird zu einem fliegenden Teppich, auf dem ich apathisch dahingleite. Wo bist du jetzt?

Du fehlst mir so! Ich vermisse deine Wärme, dein Lachen, deine sprudelnden Ideen, deine Tiefe, deinen Lebenshunger, deine Verrücktheiten, deine intensive Art, auf dieses Leben zu schauen, dein Du-Sein, das mich Ich sein ließ, deine Macken, die ich manchmal so liebenswert fand und manchmal auch nicht …

Vorbei sind unsere Morgen, an denen du mir ein Herz aus Kakao-pulver auf meinen Milchkaffee streutest. Verstummt dein Schnor-cheln in der Nacht, mit dem du mich vor wilden Tigern im Urwald beschütztest, wie du mir immer lachend erklärtest. Erloschen auch die Wutblitze, die deine Augen manchmal schleudern konnten – um kurz darauf rehbraun und schokoladenweich um Verzeihung zu bitten.

Wie soll ich leben mit all dem, was nicht mehr ist? Dein Lieblings-sessel mit der Kuhle, die dein Körper formte, ist so leer. Unsere Woh-nung, in der noch ein Rest deiner Energie flirrt, wirkt unbelebt. Auch deine Bettseite wirkt verwaist. Der Nachbarshund winselt und schnüf-felt vergeblich an unserer Haustür. Du wirst ihm keine Happen mehr zustecken können. Unserem vertrauten Zuhause fehlt auf einmal das Gesicht.

Ich kuschele mich in deinen Lieblingspulli, sauge den letzten Duft ein, den dein Körper hinterließ, lege mir selbst die Arme um die Schul-tern und bilde mir ein, es seien deine. Wer hält mich jetzt in dieser Welt? Und wen halte ich?

In meinem Herzen sitzt ein gieriges Monster und reißt mitleidslos mit langen, spitzen Zähnen ein riesiges Loch. Wer bin ich, wenn du nicht mehr bist? Wut glüht plötzlich wie eine feuerrote Eisenstange in meinem Bauch. Du hast mich alleingelassen! Wie konntest du nur … Deine Liebeserklärungen, samtweich in den Nachmittag geflüstert, sind verklungen wie ein Glockenschlag in der Nacht.

Die Zeit fließt dahin wie ein träges Band. Tage vergehen, Wochen, Monate. Friedvoll und entspannt drifte ich zwischen Träumen und Wachen, bis mich wie an jedem Morgen die Erkenntnis wie ein Blitz durchzuckt: *Tim ist tot!* Ich stehe auf schwankendem Boden und kämpfe um mein Gleichgewicht, ringe mit dem Sog, der mich nach unten zieht, gegen meine Entschlossenheit, die mich aufrecht halten will. Etwas ist anders heute. Worte formen sich in mir. *Jetzt erst recht!* Woher kommen auf einmal diese Worte? Und dieser Mut? Und diese Kraft? Staunend nehme ich wahr: Im grauen Land der Trauer erwachen leise die ersten Farben wieder zum Leben.

In einem Buch lese ich einen Spruch von Laotse: »Für die Raupe ist es das Ende der Welt, für den Meister ist es ein Schmetterling.«

Geliebter Tim, vielleicht bist auch du jetzt ein Schmetterling. Ich sehe dich sonnenselig über blühende Wiesen gaukeln, befreit und leicht, voller Lust und Freude, und genießerisch auf Steinmauern ruhen mit weit geöffneten Flügeln, die all das Licht und die Wärme einfangen. Und das Ende deines Raupenlebens ist vergessen: die Angst, die Qual, die Schwere, der Schmerz. Dankbar spüre ich deine Erlösung.

Lieben heißt loslassen können. *Flieg, Tim, flieg!* Ich lasse dich los in Liebe. Dein Körper war verbraucht und konnte nicht mehr existieren in dieser Welt. Dein Leben sei zu kurz gewesen, habe ich gedacht. Du hast intensiv gelebt und es so geliebt. Aber vielleicht warst du wirklich fertig damit, weil du alle Erfahrungen gemacht hast, die für dich in diesem Leben vorgesehen waren. Mir wird langsam klar: Du warst tatsächlich reif für den Tod, und als er dir dann die Hand reichte, gingst du friedvoll mit.

Der Knoten in meinem Inneren fängt an, sich zu lösen. Die Schwere und die Traurigkeit werden mich noch weiter begleiten, aber ein Anfang ist gemacht.

Im nächsten Sommer wird jeder Schmetterling ein Gruß von dir sein. Geliebter Tim, du fehlst mir so, aber wir treffen uns wieder in einer anderen Welt. Danke, dass du da warst und mein Leben so bunt und reich gemacht hast.

# Über Liebe, Endlichkeit und die Splitter der Ewigkeiten dazwischen

*von Edmond Waasa-Roems*

Jeder Mensch hat zwei Leben. Das zweite beginnt, wenn er sich darüber bewusst wird, dass er nur eines hat. Dieses Wissen um die eigene Sterblichkeit ist eine uralte Wahrheit des menschlichen Wesens, es prägt die Art, wie wir denken und handeln. Manche glauben sogar, der Tod sei die einzige Ewigkeit, in die ein Mensch eintreten könnte. Andere hingegen weichen ihm aus, wo sie es vermögen. Dabei ist die Begegnung mit dem Tod und anderen, ebenso existenziellen Angelegenheiten unabdingbar für einen in seinen Grundfesten unerschutterlichen Lebensweg.

Der Tod ist für uns nicht greifbar und wird es auch bleiben. Er äußert sich lediglich in der Leere, die er hinterlässt. Und kein Lebender wird je wissen, was danach mit den Sterbenden geschieht. Auf dieser existenziellen Ebene spielt sich auch das Leben ab – und die Liebe.

Der unerschrockenen Begegnung mit der Tatsache der persönlichen Sterblichkeit lässt sich in der Gegenwart schnell ausweichen. In unserem Alltag sind wir beschäftigt, wir halten uns mit Unwichtigkeiten und vielen kleinen Notwendigkeiten auf, ohne je den Blick in den Himmel zu richten und zu den Sternen zu sehen. Das große Ganze, das Leben in all seiner Abstraktheit, werden wir nicht verstehen, während wir im Supermarkt an der Kasse warten oder dem Alltag und seinen To-do-Listen hinterherlaufen.

Dabei mahnte schon Seneca: »Du bist beschäftigt, das Leben aber eilt dahin, unterdessen steht der Tod vor der Tür, für den du, ob du willst oder nicht, Zeit haben musst.«*

---

* *Philosophus Seneca, L. A. (1991). De brevitate vitae: lateinisch und deutsch. (Feix, J. , Hrsg.). Stuttgart: Reclam, S. 27.*

Wenn wir beschäftigt sind, leben wir abgelenkt vor uns hin, ungestört und unbehelligt. Irgendwann aber wird sich der Tod ankündigen, der jeden von uns persönlich meint.

Begegnet man ihm unerschrocken, offenbart der Tod einfache Maximen, derer wir uns bewusst sein müssen, sofern wir ihm in unserem Leben gerecht werden wollen. So lässt sich schnell feststellen, dass das Leben durch seine Endlichkeit erst seinen vollen Wert erhält. Wenn man ewig Zeit hätte, etwas zu tun, dann könnte man es auch erst morgen machen – oder in zweihundert Jahren. Aber für uns Sterbliche gibt es eine Deadline für all das, was wir jemals erreichen wollen. Darum müssen wir jede Chance nutzen, wenn sie sich bietet. Wir können es uns schlicht nicht leisten, abzuwarten.

Der einzige Imperativ, mit dem man dem Tod gerecht werden kann, lautet dann: Lebe! Lerne dich kennen und lebe dich! Lebe dankbar für jede Sekunde deines Lebens, denn du wirst sie niemals wiederbekommen.

Darum ist unsere Lebenszeit das kostbarste Gut, über das wir verfügen können. Das macht sie auch zum wertvollsten Geschenk, das wir anderen darbringen können. Als Erinnerung wird sie bleiben, ebenso wie die Liebe.

Wenn wir lieben, tritt ein Wir in unsere Welt, das viel tiefergeht als kollegiale oder freundschaftliche Beziehungen. Nirgends machen wir uns so nackt wie in der Liebe. Sie zeigt uns, wie schön das geteilte Leben, die anvertrauten Geheimnisse und die Emotionen sein können, die nicht nur ausgesprochen, sondern auch gezeigt werden. Welch utopische Traumvorstellung, in der diese Momente, in denen wir trunken vor Liebe sind, ewig andauern! So unfassbar mächtig, gestärkt und lebensfroh würde man am liebsten eine ganze Ewigkeit verbringen. Das gute Leben, welches jeder Mensch anstrebt, ist auf einmal greifbar. Es hat sich nicht angekündigt, es baut nicht einmal auf den Früchten unserer Bestrebungen nach diesem Leben auf. Es gab einen Moment, da war es einfach da. Irgendetwas war anders ab diesem Moment, leuchtender, bunter, klarer. Die Liebe macht jedes Schicksal erträglich.

Aber sie kann nicht bleiben. »Bis dass der Tod uns scheidet«, schwören die Liebenden bei der Hochzeit, und ihre Liebe wird irgendwann vergessen sein. Wenn es eine Ewigkeit gibt, dann nicht im Stillstand. Liebe wird nicht einfach bleiben, aber wir können sie nähren und erhalten. Beziehungsarbeit nennt man das; aus dem spielenden Menschen, dem homo ludens, ist der arbeitende Mensch geworden.

Eine Protagonistin von Roger Willemsen versucht, die Liebe zu verstehen, und sie fragt sich, wann die Liebe fassbarer sei als in der Angst, sie zu verlieren.*

Man kann sich ihr auch aus der Perspektive des Verlusts annähern, sie aus dem Mangel begreifen. Das ermöglicht es, unsere Anschauung um eine weitere Perspektive zu erweitern: die Retrospektive auf jene Zeit, in der man dachte, die Liebe würde ewig sein.

Irgendwann realisiert man, dass man mit jeder von Liebe erfüllten Sekunde Fallhöhe aufgebaut hat. Denn was da ist, ist endlich. Zu lieben bedeutet dann, es trotzdem zu wagen und bewusst Fallhöhe aufzubauen. Je schöner das liebeserfüllte Leben ist, desto tiefer ist der Fall in die Endlichkeit.

Die andere Option, also das Ende schon am Anfang zu antizipieren, wird immer zu Blockaden führen. Wer die sich anbahnende Liebe nach dem Maßstab bewertet, was davon geblieben sein wird, und das Ende bereits vorwegnimmt, noch bevor es eingetreten ist, wird sie niemals ausschöpfen können.

Vielleicht wird er schließlich recht behalten, wenn sich seine ewige Liebe als endlich entpuppt hat. Dafür bezahlt er den Preis, sie nie in all

---

\* *Willemsen, R. (2005). Kleine Lichter. Frankfurt am Main: Fischer.*

ihren kindlich-naiven Vorstellungen und Potenzialen ausgelebt zu haben. Und er verzichtet auf die Möglichkeit, dass es sie doch geben könnte.

Zu den kitschigen Vorstellungen der Liebe gehört ihr Versprechen: Ich werde dich immer lieben und ich werde immer geliebt sein. Der Höhepunkt dieses Versprechens ist ein juristischer Akt; die Hochzeit, hier wird die ewige Liebe zum Vertragsgegenstand. Aber Verträge lassen sich auflösen, und in Anbetracht der Scheidungsquote von 39,9 Prozent* muss der Glaube an die ewige Liebe naiv erscheinen.

Aber es gibt ja noch die anderen 60,1 Prozent, die verheiratet bleiben. Ist das schon die ewige Liebe? Wann ist die Liebe eigentlich ewig? Genügt es, wenn sich Menschen bis an ihr Lebensende lieben?

Was Ewigkeit ist, kann kein Mensch gänzlich erfassen. Die kleinste Ewigkeit, die für uns noch greifbar ist, ist die Lebensspanne eines Menschen. Aber was vermag ein sechsjähriges Kind schon über das Alter zu verstehen? Mit einer Ewigkeit könnten wir nicht umgehen, aber vielleicht erahnen wir, was menschliche Ewigkeiten sind. Einem Sechsjährigen werden die Lebensjahre seiner Oma ewig erscheinen und unendlich weit entfernt sein.

Unendlichkeit ist für uns nie erreichbar, das liegt in unserer Natur. Aber wir können sie anstreben: Vor die Wahl gestellt, von der ewigen Liebe zuweilen auch enttäuscht zu werden, oder ihre Möglichkeit zu leugnen und damit auf die Zeit der Illusion zu verzichten, heißt, zu leben, sich auf die Illusion einzulassen und sie herauszufordern.

Aber kann es unter diesen Umständen überhaupt so etwas wie ewige Liebe geben? Dürfen wir auf sie hoffen? Nun, stellen wir uns vor, jemand kauft ein Auto. Er zeigt es seinen Freunden, und jeder von ihnen würde sagen: »Ja, das ist offensichtlich ein Auto.« Er fährt es

* *https://de.statista.com/statistik/daten/studie/76211/umfrage/scheidungsquote-von-1960 -bis-2008/#:~:text=Scheidungsquote%20in%20Deutschland%20bis%202021&text=Im %20Jahr%202021%20betrug%20die,eine%20Scheidung.*

einige Jahre mit großem Spaß. Dann geschieht ein Unfall, das Auto wird auf den Schrottplatz gebracht und zu einem Würfel aus Aluminium, Stahl und Eisen gepresst. Jetzt käme niemand auf die Idee, auf den Schrottwürfel zu zeigen und zu rufen: »Sieh, ein Auto!« Aber ebenso würde niemand leugnen, dass dieser Schrottwürfel einige Jahre lang ein Auto war.

Mit der ewigen Liebe und ewigen Freundschaften verhält es sich ähnlich. Sind sich die Beteiligten für einige Zeit darin einig, diese Beziehungen wären für die Ewigkeit – nun, vielleicht sind sie es dann auch. Und auch wenn sich irgendwann ein Unfall ereignet, nichts vom alten Glanz der Illusionen übrig geblieben ist, so kann man nicht leugnen, dass man eine Ahnung von dem bekommen hat, was ewige Liebe und ewige Freundschaften eigentlich sind. Man hat sie erlebt. Sie waren da. Das Auto ist man jahrelang gefahren. Vielleicht gibt es sie nicht mehr – aber es hat sie gegeben. Und sie haben uns begleitet und ihre Spuren hinterlassen.

Darauf, dass fast alles endlich ist, kommt es auch nicht an. Es zählt nicht der Anfang und nicht das Ende, denn beide sind oft nur kurze Augenblicke. Das Dazwischen ist alles, was zählt. Weshalb sollte man etwas lediglich an den Momenten messen, in denen es begonnen und aufgehört hat zu existieren? Vor der Geburt und nach dem Tod sind wir alle gleich. Das, was dazwischen passiert, macht uns zu dem, was wir sind.

Wer das Ende immer schon antizipiert, alles daran bemisst, dass es nicht bleiben wird, der mag zuletzt recht behalten. Die anderen haben es genossen und bestaunt, während es da war. Es ist schöner, sich dem Traum hinzugeben.

Natürlich wird man aufwachen, irgendwann, und traurig darüber sein, dass die Illusion eine Illusion war und dass sie ihr Ende gefunden hat. Aber das Dazwischen, das Leben, hat man genossen, als wäre es die ewige Glückseligkeit. Wenn wir die Desillusion ohnehin irgendwann erfahren, brauchen wir sie nicht vorzugreifen. Wir können uns stattdessen fallen lassen in die Illusion, das Irrationale, die Hoffnung – und damit in das Leben.

Vielleicht werden wir nie wirklich verstehen, was ewige Liebe ist und was der Tod für uns bereithält. Vielleicht ist das auch gut so. Ein vollständig erklärtes Universum wäre langweilig, ein gänzlich rational geführtes Leben wäre unfruchtbar.

Denn alles, was das Leben lebenswert macht, ist leben. Und das Leben ist immer jetzt. Leben ist das Dazwischen. Zwischen Arbeit und Spiel, dem Rationalen und dem Irrationalen. Zwischen den großen Gefühlen und dem absurden Alltag, zwischen Geburt und Tod, zwischen den Ewigkeiten, zwischen wunderschöner Fiktion, spannenden Möglichkeiten und der unerbittlichen Realität. Es kommt nicht darauf an, was vor dem Leben war oder was danach kommt. Wir wissen es nicht. Wir werden es nie wissen. Bedeutend ist das, was dazwischen passiert. Nur das unterliegt unserem Empfinden und unserer Kontrolle.

Wer das Ende immer vorgreift, wird nie wissen, was Ewigkeit ist. Und vielleicht wird er nie wissen, was Leben ist. Vielleicht wird er recht behalten und dann sagen können: »Ich wusste es doch!« Vielleicht wird er irgendwann bereuen, es nicht auch einmal versucht zu haben mit dem Spiel und der Illusion und dem Glauben an die Ewigkeit. Denn zwischen all diesen *Vielleichts* steht eine felsenfeste Gewissheit: Gibt er der Ewigkeit nie eine Chance, so wird er sie mit Sicherheit nicht erleben. Ob es sie gibt oder nicht – er verzichtet darauf, es herauszufinden.

Ein anderer wird sich fragen: Aber was, wenn es sie doch gibt? Und er wird sie suchen. Vielleicht wird er sie nie finden – aber vielleicht auch doch. Vielleicht wird er sie finden und wieder verlieren. Allein schon sein Streben nach der Ewigkeit rechtfertigt für ihn seine Sterblichkeit. Er hat dabei nicht mehr zu verlieren als sein Leben – welches er ohnehin verlieren wird. Wenn es ewige Liebe gibt, kann der Tod auch ewig sein, das kann er akzeptieren. Eine Welt, in der der Tod das einzig Ewige ist, ist traurig, wenn es nicht den Glauben an das ewige Gute gibt, den Glauben an die ewige Liebe.

Die Endlichkeit wird immer bleiben und die Traurigkeit darüber. Dem kann man nur intensives Leben entgegensetzen. Bereuen wird man vor allem das, was man nicht getan hat, denn das Ende von allem wird ohnehin eintreten. Es bleibt uns lediglich übrig, zu genießen, was wir haben, während es da ist, und zu suchen, woran wir glauben. Der Tod ruft uns entgegen: *Lebt!* Und was wäre schon ein Leben ohne die Liebe? Vor der Alternative gibt es keine Rettung.

# Verneinung
von Johanna Sebaretnam


Die Liebe ist der Tod
all dessen, was zuvor geglaubt
sie würdigt den Tod
lediglich als Irrglauben
denn im Leben wie im Tod ist sie
unendlich und unsterblich
unwiderstehlich und unbeugsam
ungehörig wie liebreizend
der Tod in Versuchung
sie zu entmündigen
Gelingt's ihm?

# Der Fluss der Zeit
## von Denise Holderbaum

Sie starb.

Schmerzhaft durchdrang sie der scharfe Schnitt der Schere, welcher ihr Ende besiegelte. Dann sah sie die Frau. Ein warmes, müdes Lächeln lag auf ihren Lippen. Eine göttliche Hand streckte sich ihr entgegen, und im nächsten Augenblick fühlte sie kaltes Metall. Irritiert sah sie auf den kühlen Gegenstand hinunter, wunderte sich, wann sie danach gegriffen hatte, während die Frau langsam zu Staub zerfiel.

»Von nun an bist du die neue Atropos.«

Ein letztes Lächeln, und die Ströme der Zeit rissen ihre Asche mit sich.

***

Sie konnte nicht sagen, wie lange sie schon eine Göttin war. Der Tod folgte keiner Zeit. Nur ihre Liste mit den Namen sterbender Menschen wurde immer kürzer. Sie berührte einen der Zeitstränge und beobachtete durch die entstandene Öffnung die menschliche Welt. Egal, welche Epoche oder welcher Ort, sie konnte alles sehen.

Ruhig stand sie dort und wartete den Moment ab, in dem sie einen weiteren Lebensfaden zerschneiden konnte. Der Mann vor ihr lief neben einer Steilwand, als sich ein Felsbrocken löste und fiel. Mit jeder Sekunde fiel er langsamer, und als der Stein letztendlich auf ihn traf, schlossen sich die Schneiden ihrer Schere. Sanft schwebte der abgetrennte Faden zu Boden und löste sich in eine Wolke auf, die sich zu dem Abbild des Mannes formte. Verwirrt sah die Seele sich um, nicht imstande zu begreifen, was soeben passiert war.

»Du bist gestorben. Dir wurde der Schädel zertrümmert«, sprach sie kühl. »Wenn du durch dieses Portal gehst, kommst du zu Charon.

Sobald man dich den Riten gemäß bestattet hat, erscheint dir ein Obolus, mit dem du den Fährmann bezahlen kannst. Sollte keine Münze erscheinen … Nun, hoffe einfach, dass deine Mitmenschen dich mochten.«

Sie drehte sich um und wollte gehen, als der Tote sie aufhielt. »Und wenn ich nicht gehen will?«

»Was?«

»Was ist, wenn ich nicht tot sein möchte?«

Ein trockenes Lachen entstieg ihr. »Der Tod ist kein Wunschkonzert«, antwortete sie scharf.

»Das bedeutet nicht, dass ich ihn auch akzeptieren muss!«

Abfällig schnaubte sie. »Tu, was du nicht lassen kannst.«

Sie kehrte ihm den Rücken und suchte den nächsten Todgeweihten. Früher oder später würde er seine Meinung noch ändern.

✳✳✳

Die Zeiten vergingen, zumindest für die noch lebenden Menschen, doch die widerspenstige Seele blieb hartnäckig. Immer wieder sah sie nach ihm und versuchte, den Sturkopf zum Weitergehen zu drängen, denn sie fürchtete den Moment, in dem Hades die fehlende Seele bemerken würde. Aber er weigerte sich weiterhin, sein Schicksal zu akzeptieren, und schwor, ins Leben zurückzukehren.

Leider wurden ihre Befürchtungen bald wahr: Hades suchte sie auf und verwarnte sie. Sie musste diesen widerspenstigen Hornochsen endlich davon überzeugen, in die Unterwelt überzugehen, sonst würde sie die Konsequenzen dafür tragen müssen.

»Es reicht! Ich habe dir lange genug Zeit gelassen, nun begib dich auf den Weg zu Charon!«

»Warte kurz, ich …«

»Ich werde dir keine weiteren Chancen geben. Finde dich mit deinem Tod ab! Ich konnte meinem auch nicht entkommen!« Wütend starrte sie ihn an, und er erwiderte ihren Blick verwirrt.

»Götter können nicht sterben.«

Genervt schnalzte sie mit der Zunge. »Nicht jeder wird als Gottheit geboren.«

Überrascht blickte er sie an. »Du warst ein Mensch?«

Sie verdrehte die Augen. »Ja, war ich. Ich wohnte sogar in deinem Nachbardorf, und wenn einer eurer besoffenen Idioten mich nicht kurz nach deinem Tod in den Fluss geschubst hätte, dann würde ich sogar noch leben! Also hör auf zu jammern!« Die letzten Sätze schrie sie ihm fast ins Gesicht, während er nur verwirrt dastehen konnte. Kurz starrten sie einander an, dann seufzte sie tief. »Bist du nun zufrieden?«

Er befreite sich aus seiner Starre. Die Wahrheit war, dass er sie aufmerksam beobachtet hatte und ihm dabei einige Dinge klar geworden waren. Sie konnte ihn zu nichts zwingen. Zwar besaß sie die Macht, das vorgeschriebene Schicksal eines Menschen zu erfüllen, doch was nach dem Tod geschah, oblag nicht ihrer Zuständigkeit. Die Atropos musste einfach darauf hoffen, dass jede Seele freiwillig ihren Weg in die Unterwelt fand.

Zudem hatte er bemerkt, dass sie das verbrauchte, graue Stück der Lebensfäden bei sich behielt. Wenn er diese Hälfte irgendwie in die Hände bekommen und verlängern könnte, wäre es ihm vielleicht möglich, ins Leben zurückzukehren!

Und wenn er den menschlichen Tod der Atropos verhinderte, dann könnte sie ihn auch nicht töten. Er müsste keine Angst mehr vor einem frühen Tod haben!

»Wie wäre es mit einem Deal?«

Skeptisch sah sie ihn an.

»Wenn du mir deinen menschlichen Namen nennst und die andere Hälfte meines Lebensfadens gibst, dann gehe ich direkt in die Unterwelt.« Sie zögerte und dachte eine Weile über seinen Vorschlag nach. Mit einem Seufzen gab sie auf. »In Ordnung. Ich verstehe zwar nicht, warum du diese Sachen haben willst, aber wenn es dich endlich zum Weitergehen bringt, dann bitte: Man nannte mich Myra.«

Kurz sah sie ihm noch tief in die Augen, dann griff sie in ihren Umhang und holte seinen Faden hervor. Er trat so nah an sie heran, dass sie fast zurückgewichen wäre, und nahm sein vergangenes Leben in die Hand.

»Vielen Dank. Und ich entschuldige mich schon einmal im Voraus.«

»Was? Au!«

Blitzschnell hatte er eines ihrer schwarzen Haare ausgerissen und war in sichere Distanz zurückgewichen.

»Was tust du?«

»Du bist eine Göttin, und das bedeutet, dass dein Körper ebenfalls göttlich ist.«

Er hielt ihr Haar und seinen Lebensfaden in jeweils einer Hand und begann konzentriert, beides miteinander zu verknoten.

»Nun, es ist nur eine Theorie, aber wenn ich mein Leben mit dieser göttlichen Macht verbinde …«, er hatte den Knoten vollendet, und plötzlich begannen die Stränge zu leuchten. Langsam verschmolzen sie zu einem Ganzen. Breit lächelnd sah er sie an. »Dann kann ich wieder leben!«

Panik breitete sich in ihr aus, als sie realisierte, was gerade geschah. Schnell rannte sie auf ihn zu und versuchte, seine bereits schwindende Seele zu greifen, doch es war zu spät. Sie konnte nur noch zusehen, wie er zu seinem Todeszeitpunkt zurückkehrte und wiedererwachte.

\*\*\*

Er hatte dröhnende Kopfschmerzen, und zum ersten Mal in seinem Leben störte ihn das nicht. Denn er war am Leben, und nichts könnte die Freude über diese Tatsache auch nur ansatzweise mindern.

Er lebte!

Und er hatte etwas Wichtiges zu erledigen.

Vorsichtig stand er etwas benommen auf und tastete seinen Kopf ab, konnte aber nur eine offene Platzwunde finden. Grinsend wischte er sich etwas Blut aus dem Gesicht und begab sich auf den Weg in sein Dorf.

Die Wunde war schnell versorgt, und es dauerte nicht lange, bis er eine Ahnung hatte, wann seine Todbringerin wohl sterben würde. Er hatte das anstehende Dorffest vollkommen vergessen, doch nun sprach jeder davon, und wo könnte man besser betrunkene Männer finden?

Wenige Tage später war es so weit. Sämtliche Bewohner aus den umliegenden Dörfern hatten sich versammelt und feierten mit lustiger Musik, viel Alkohol und wilden Tänzen. Er hatte sich bereits zu Beginn des Festes ans Flussufer gesetzt und wartete unter einem schattigen Baum.

Die Nacht brach langsam herein, und Langeweile plagte ihn schon seit Stunden, als eine Frauengruppe fröhlich lachend auf die Brücke zuging. Es dauerte nicht lange, da tauchten ein paar grölende Männer auf, welche zwar schwankend, aber erstaunlich schnell auf die Gruppe zuliefen. Bei dem schwindenden Licht fiel es ihm schwer, die Gesichter zu erkennen, doch er hatte das Gefühl, dass dies der Moment war, auf den er gewartet hatte. Hastig sprang er auf und sprintete los.

Beide Gruppen waren mittlerweile auf gleicher Höhe, als einer der Männer plötzlich das Gleichgewicht verlor. Bemüht, nicht zu fallen, stolperte er auf die Frauen zu, welche panisch zur Seite sprangen. Nur die letzte konnte nicht ausweichen und er stieß heftig mit ihr zusammen. Sie stürzte auf die niedrige Brüstung und kippte hintenüber. Verzweifelt versuchte sie, nach irgendetwas zu greifen.

Im letzten Moment schaffte er es, ihr Handgelenk zu packen. Ihre Blicke trafen sich, und er konnte die Todesangst in ihren schreckgeweiteten Augen sehen. Mit einem heftigen Ruck zog er sie in seine Arme. Vor Schreck wagte niemand, sich zu bewegen, bis eine der Frauen ihre Starre löste.

Sie stürzte auf die Gerettete zu und riss sie an sich.

Langsam sammelten sich auch die anderen besorgt um sie. Währenddessen stand er etwas abseits. Es fühlte sich merkwürdig an, die Frau zu retten, welche ihm den Tod gebracht hatte.

Er wollte gerade weggehen, als sie ihn aufhielt. »Vielen Dank. Du hast mir das Leben gerettet. Ich weiß gar nicht, wie ich dir dafür danken soll.«

»Jeder hätte das getan.«

Er drehte sich wieder um, wurde allerdings erneut gestoppt.

»Bitte, ich will mich erkenntlich zeigen. Ich heiße Myra. Wie ist dein Name?«

Er sah sie an, und irgendetwas in ihm konnte ihre Bitte nicht abschlagen: »Zisis.«

Sie lächelte erfreut, und kurz fühlte er sich davon überrumpelt. Nichts an ihr schien Ähnlichkeit mit der gefühlskalten Atropos zu haben, der er begegnet war, und trotzdem waren sie ein und dieselbe Person. Diese andere Seite faszinierte ihn.

Es war seine Neugier, die dazu führte, dass er ihre Einladung zu einem Dankesessen annahm und sich auch danach noch häufig mit ihr traf. Egal, wie viel sie sprachen und wie oft sie sich sahen, es schien ihm nie genug zu sein. Ohne sein Zutun wurde sie zu einem festen Bestandteil seines Lebens, und irgendwann vergaß er die mürrische Atropos. Für ihn gab es nur noch Myra.

Es dauerte nicht lange, bis sie heirateten und in einem kleinen Haus lebten, und obwohl sie nicht mit Kindern gesegnet wurden, war es ein schönes Leben, gefüllt mit tiefer Liebe. Als er starb, zerriss es ihr fast das Herz, doch auch ihre Zeit neigte sich dem Ende zu.

Sie starb.

Langsam floss die Lebenskraft aus ihr heraus. Dann sah sie die Frau. Sie streckte ihr eine Hand entgegen, und im nächsten Augenblick fühlte sie kaltes Metall.

»Von nun an bist du die neue Atropos.«

Die Frau zerfiel zu Staub. Verwirrt stand sie dort, mit einer Schere in der Hand und in ihrem wieder jugendlich aussehenden Körper, als sie eine dunkle Gestalt ausmachte. Sie erkannte den Gott der Unterwelt sofort und fiel auf die Knie.

»Du bist endlich eingetroffen.« Düster starrte Hades sie an. »Es wird Zeit, für dein Fehlverhalten Verantwortung zu übernehmen.«

Verunsichert blickte sie zu ihm auf. »Wovon sprecht Ihr?«

»Nun, du vermagst es nicht, dich daran zu erinnern, doch du warst schon einmal Atropos und hast dich von einem Menschen hereinlegen lassen! Dies wird nun nicht mehr möglich sein, dafür habe ich gesorgt!«

Verärgert sah Hades auf sie herab und berichtete von ihrem Vergehen.

Fassungslos starrte sie Hades an. Sie konnte nicht glauben, dass all diese Sachen passiert waren – und dass ihr Mann nie davon erzählt hatte.

»Was soll ich tun?«, fragte sie leise.

Abschätzig sah er sie an. »Zerschneide den Faden. Nur du kannst ihn durchtrennen und keine andere Atropos. Korrigiere, wo du damals versagt hast. Oder akzeptiere die Strafe.«

Ohne ein weiteres Wort verschwand er und ließ sie allein. Vor ihr hatte sich eine Art Fenster geöffnet, und sie konnte eine junge Version von Zisis sehen. Sie wusste instinktiv, was gleich passieren würde und was sie zu tun hatte, doch sie zögerte.

Niemand wusste besser als sie, wie sehr er an seinem Leben hing. Wenn sie ihn jetzt holte, würde er sie nicht kennen und sogar hassen. Aber wenn er nicht starb, würde Hades sie bestrafen, und niemand verärgerte freiwillig den Gott der Unterwelt.

Sie nahm den Lebensfaden ihres Geliebten und öffnete die Schere. Sie wartete, sah, wie der Fels fiel … Doch die Schneiden schlossen sich nicht.

Tränen strömten über ihr Gesicht. Sie konnte es einfach nicht tun. Ein kleiner Teil in ihr hoffte, dass er sie wiederfinden würde. Vielleicht, mit ganz viel Glück, würde er sie auch ohne seine Erinnerungen wieder retten und lieben …

Da verspürte sie ein heftiges Ziehen in ihrem Körper. Schmerz breitete sich in ihren Gliedern aus, und ihre Haut wurde schrumpelig und fahl. Sie war wieder zu einer alten Frau geworden, älter als je zuvor. Mehr Knochen und Haut als Fleisch. Erschrocken sah sie auf und entdeckte den lebenden, verletzten Menschen im Zeitfenster. Sie wusste nun, weshalb sie dieses Schicksal ereilte. Doch sie verstand nicht, weshalb sie irgendein unbedeutendes Wesen verschont hatte.

# Die graue Frau
## *von Anna Kügler-Stietenroth*

Das erste Mal sah ich sie frühmorgens im Nebel, als ich von der Arbeit nach Hause fuhr. Blaulicht flackerte durch die weißen Schwaden, die Stimmen der Sanitäter klangen seltsam gedämpft, und die beiden Rettungswagen wirkten wie große, zusammengekauerte Tiere. Sie stand am Rand, reglos, eine große Gestalt in einem grauen Umhang. Ihr Gesicht wurde von einer Kapuze verdeckt, doch ich war mir sicher, dass sie sich den Unfall genau ansah.

Deswegen – nur deswegen – stieg ich vom Rad und ging auf sie zu. »Entschuldigen Sie«, sprach ich sie an. »Es gehört sich nicht zu gaffen.«

In einer fließenden Bewegung drehte sie sich zu mir herum. Ihre Augen waren eiskalt und grau, ihr Blick glitt förmlich durch meine Haut wie ein Messer durch Butter. Sie sagte nichts. Instinktiv wich ich einen Schritt zurück.

»Entschuldigen Sie«, wiederholte ich. Der Nebel legte sich in eisigen Tröpfchen auf meine Haut. In mir spürte ich, wie Raureif meine Seele überzog und sie an meinen Knochen festfrieren ließ. Die Worte, die ich mir eben noch zurechtgelegt hatte, erstarben in meiner Kehle.

Ich stieg wieder in den Sattel und fuhr weiter.

*** 

Als ich sie zum zweiten Mal traf, stand sie auf einer Brücke. Es goss in Strömen, das Wasser troff von ihrer Kapuze und klebte ihr den Umhang an den Rücken. Neben ihr stand ein junger Mann und starrte in den Fluss, der einige Meter unter ihm dahinglitt, vollkommen gleichgültig gegenüber dem Leiden des Menschen. Er zitterte, seine Hände krampften sich um das Geländer. Die Gestalt hingegen stand neben ihm und schwieg.

Vorsichtig näherte ich mich, aber er schien weder sie noch mich zu bemerken.

»Bitte«, sprach ich ihn an. »Was immer passiert ist – das ist es nicht wert. Tun Sie das nicht.«

Er hob den Kopf und starrte mich an, ohne mich wirklich zu sehen. In seinen Augen war alle Hoffnung längst erloschen, ertränkt in dem Sturm, der in ihm wütete.

Sie legte ihm eine Hand auf die Schulter, so sanft, wie man einen geliebten Menschen berührt. Eine ermunternde, freundliche Geste, die in mir einen Augenblick lang die Illusion weckte, sie würde ihn retten wollen.

Doch mit einer einzigen, ruckartigen Bewegung zog der Mann sich über das Geländer und sprang. Sein Sturz ging lautlos vonstatten. Er schrie nicht, und das Prasseln des Regens übertönte das Geräusch, mit dem er im Fluss landete.

Ich kam zu spät, um ihn festzuhalten, meine Hand griff ins Leere.

Die Gestalt stützte sich neben mir auf das Geländer und blickte ihm hinterher, als sei er ein Stein, den sie ins Wasser geworfen hatte.

»Warum?« Meine Stimme war leise und brüchig. Ich achtete darauf, sie nicht anzusehen, damit ihr Blick mich nicht wieder durchbohren konnte. »Warum haben Sie das getan? Was gibt Ihnen das Recht dazu?«

Eine lange Zeit blieb sie still, und ich glaubte schon, keine Antwort zu bekommen. Doch dann sprach sie, leidenschaftslos und kühl. »Manche Dinge sind eben unausweichlich.«

»Du hast ihn umgebracht.«

»Nein.«

»Man hätte ihm helfen können.«

»Das hätte man.« Sie richtete sich auf und wandte sich mir zu. »Aber das hätte an den Menschen gelegen. Hilfe liegt nicht in meiner Macht.«

»Ich war da. Ich wollte helfen.«

»Du warst zu spät. Andere hätten lange vor dir handeln müssen.«

Es fiel mir ungeahnt schwer, meine Augen von ihr abgewandt zu halten. »Du bist grausam.«

»Nein. Ich bin, wie ich bin.«

Eine Weile hörte ich dem Regen zu, der unablässig auf die Brücke trommelte. Als ich endlich aufsah, bereit, mich ihrem Anblick zu stellen, war sie fort.

***

Zum dritten Mal begegnete sie mir am Bett meines Großvaters. Er war friedlich im Schlaf gestorben, und sie saß auf der Bettkante und betrachtete ihn. Meine Großmutter hatte ihn gewaschen und ihm die Haare gekämmt, ihm seinen besten Anzug angezogen, und jetzt stand sie mit hängenden Schultern neben ihm und weinte lautlos. Ich wollte sie trösten, doch welchen Trost konnte ich schon bieten? Es gab nichts zu sagen, das ihren Schmerz gelindert hätte.

Die Frau in dem grauen Kapuzenumhang verharrte minutenlang reglos. Ich konnte sie nur anstarren, unfähig zu begreifen, was sie hier noch tat. Lange schwieg sie, ihre grauen Augen auf das ruhige Gesicht meines Großvaters gerichtet.

Dann stand sie auf, hob die Hände und strich sich die Kapuze vom Kopf. Darunter war ihr Haar leuchtend rot.

Meine Großmutter blinzelte und sah sie an. »Bist du der Tod?«, fragte sie. Ihre Stimme klang leer vor Trauer.

»Bin ich«, antwortete die Angesprochene schlicht.

»Ich habe ihn so sehr geliebt.«

»Und du liebst ihn immer noch.« In ihre sonst so teilnahmslose Stimme schlich sich ein Hauch von Wärme, wie das Versprechen auf ein prasselndes Feuer an einem kalten Wintertag. Sie streckte meiner Großmutter die Hand entgegen.

Ich wollte etwas sagen und fand keine Worte, wollte mich bewegen und konnte keinen Muskel rühren. Was hier geschah, war nicht zu beeinflussen.

Meine Großmutter betrachtete den Mann, mit dem sie ihr gesamtes Leben verbracht hatte. Mit einem Lächeln ergriff sie die ihr dargebotene Hand. »Ich fürchte mich nicht«, sagte sie.

Als sie an mir vorbeigingen, erhaschte ich einen Blick auf das Gesicht unter den roten Haaren. Das Stahlgrau in den Augen der Frau war geschmolzen, dort leuchteten jetzt Verständnis und eine Güte, vor der ich niederknien wollte.

»Liebe«, wisperte sie leise. »Liebe ist so viel stärker als alles, was ist. Und auch das liegt nicht in meiner Macht.«

# Lass uns gehen
*von Sascha Richter*

*Lass uns gehen!*
*Lass uns Hand in Hand laufen durch den Schnee.*
*Weiße Kristalle senken sich sanft*
*und kühl auf unsere Haut.*
*Sie berühren dein Gesicht und*
*ich schaue ihnen dabei zu.*
*Sie zerschmelzen dort auf deiner*
*von Kälte geröteten Wange*
*und fallen lautlos*
*als Tropfen zu Boden.*
*Lass uns durch Landschaften ziehen,*
*vorbei an Bergen, Flüssen, Seen.*
*Unsere Füße berühren das Gras*
*frischer Wiesen,*
*wir atmen die Luft grüner Täler.*

Wir sinken in Schlamm,
erklimmen Berge und
verbrennen unsere Fußsohlen
auf sonnenerhitztem Sand am Rande der See –
ein millionenfaches Sediment, verirrt in der Strömung,
entwurzelt und fortgetragen durch die Zeit.
Lass uns Hand in Hand durch die Zeit zurücklaufen,
vorbei an alten Zahlen,
hinweg über das rostige Zifferblatt,
über die zwei Zeiger
einer alten Standuhr,
die sich rückwärts dreht.
Lass uns zurückkehren
an den Ort, an dem Zeit noch ein Teil von uns war.
Lass mich deine Hand halten,
dort in der salzigen Luft am Meer.
Gemeinsam der Brandung lauschend in dunkler Nacht
liegen wir unter einer Decke aus Sternen.
Lass uns wie damals sein:
nur die Wellen, der Wind und wir.
Lass mich dir vorlesen
aus den Geschichten, die ich für dich schrieb,
die wir im Sand vergruben,
damit sie nur uns gehörten und niemand sie je findet.

Lass uns unvergänglich sein:
wie Ammoniten – ein Fossil.
Lass uns majestätisch gleiten durch die See,
umschlungen tanzend in Schwerelosigkeit.
Gemeinsam und ewig liegen wir im Meeressand,
wo wir die Zeit vergessen
und uns eingraben in einen harten Panzer aus Kalk,
aufgerollt in einer Spirale, glänzend vor Glück,
bestrahlt vom bunten Schimmer aus Perlmutt.
Nein, lass uns lieber gleich die Zeit vernichten,
die grausamste Erfindung der Menschheit:
den Ballast auf havarierendem Schiff,
das alte Wrack am Meeresgrund.
Und haben wir sie besiegt,
lass uns hier unten liegen und schlafen,
lass uns kraftlos sein
und versteinert erstarren,
gemeinsam,
damit wir vergessen können,
dass einer von uns früher ging!

# Hommage an Lothar, meine Kleiderbürste

*von Peter Biro*

Nimm es mir bitte nicht übel, dass ich dich posthum Lothar rufe. Aber du hast mir zeitlebens körperlich so nahegestanden, dass ich mir diese Intimität der Namensgebung gestatte. Wie hätte ich es auch sonst anstellen sollen? Dich um Erlaubnis fragen? Schließlich warst du nur eine einfache Kleiderbürste mit einem rundlich geformten, hölzernen Rücken, einem nackten, länglichen Handgriff und einigen Hundert – oder von mir aus vielleicht Tausend – schnurgeraden Borsten. Natürlich konntest du nicht in irgendeiner verständlichen Weise auf meine Kumpelhaftigkeit antworten.

Wahrscheinlich hättest du sie auch als unangemessene Anbiederung verstanden. Nein, schweigend pflegten wir miteinander die traute Eintracht zwischen Auftraggeber und Angestelltem: Ich führte dich sachte über alle Rundungen meines bekleideten Körpers. Auf deinen kurzen, abgehackten Streifzügen von meinen Schultern abwärts bis zum Mantelsaum sammeltest du fleißig ausgefallene Haare, abgerissene Pillierknoten und sonstige Fusseln ein. Anschließend klaubte ich sie zwischen deinen Borsten heraus und legte dich, gründlich gesäubert, an deinen angestammten Platz im Garderobenregal zurück. So gestaltete sich unsere Zusammenarbeit über nahezu vier Dekaden hinweg fast reibungslos. Oder, besser gesagt, überwiegend problemlos.

Ich sagte überwiegend, denn du warst nicht immer freundlich zu mir. Manchmal bliebst du an einem Knopfloch hängen oder übersahst hie und da einen abgerissenen Faden auf meinem Rücken, mit dem ich mich dann ahnungslos der Öffentlichkeit präsentierte. Einmal hatte das sogar zur Folge, dass mich ein Unbekannter im Autobus ansprach und den von dir sträflich zurückgelassenen Überrest wegzupfte. Danach schämte ich mich in Grund und Boden. Aber glücklicherweise passierte so etwas nicht allzu oft. Vielleicht habe ich dich manchmal auch nicht mit dem nötigen Nachdruck gegen den Mantelstoff gepresst. Die Ursache für diese seltenen Patzer werde ich wohl nicht mehr herausfinden.

Wenn du ausnahmsweise mal auf meine nackte Haut trafst, dann erzeugtest du einen kurzen, leicht schmerzhaften Schauer, der aber schnell wieder verflog. In der Tat, eine gewisse Kratzbürstigkeit konnte man dir nie absprechen. Ebenso wie die langsam zunehmenden Alterserscheinungen, die sich nach so vielen Jahren, ja, sogar Jahrzehnten bei dir einstellten. Im letzten Halbjahr deiner beruflichen Tätigkeit offenbarte dein hölzerner Handgriff einen längs verlaufenden Riss, der von der Aussparung ausging, die man herstellerseits eingekerbt hatte, um dich an einem Haken aufhängen zu können.

Unverschämt, welch unrühmliche Form der Unterbringung diese unkultivierten Bürstenmacher für dich vorgesehen hatten! Ich wäre nie auf die Idee gekommen, dich an einem gewöhnlichen Nagel aufzuknüpfen. Das mir innewohnende Bedürfnis nach einem respektvollen Umgang mit Dingen des täglichen Bedarfs diktierte mir, dich in deinem eigens für dich angefertigten, mit rotem Samt ausgeschlagenen Kästchen aufzubewahren, das an prominenter Stelle im Garderobenregal – gewissermaßen über allen anderen Utensilien – thronte. Dort oben warst du Herr über Kleiderbügel, Schuhlöffel, Krawattenhalter und Hosenträger; alles diensteifriges Personal unter deiner würdevollen Oberaufsicht.

Und nun? Jetzt, wo du nicht mehr da bist, wird wohl dein Stellvertreter, der in seiner Rolle als ewiger Zweiter fest verankerte Schuhlöffel, dieses verantwortungsvolle Amt übernehmen müssen. Zumindest, bis er in nicht allzu ferner Zukunft auseinanderfallen und seinen sprichwörtlichen Löffel abgeben wird.

Dass du aus gutem Hause kamst, das konnte man an deiner jahrzehntelang bewahrten, aufrechten Haltung sehen. Deine Naturborsten aus dem Schwanzbüschelhaar eines ausgewachsenen Hirsches standen bis zuletzt vorbildlich stramm, bis schlussendlich einige von ihnen eingeknickt waren. Die tapfersten Borsten versuchten ihr Bestes, die entstandenen Lücken zu schließen, was ihnen auch bis vor Kurzem einigermaßen überzeugend gelang. Bis gestern, als der Handgriff auseinanderbrach. In meiner vor Schreck zitternden Hand. Mitten bei den Aufbruchsvorbereitungen zum Opernabend. Als ich plötzlich deine zwei Hälften in der Hand hielt, wusste ich: Jetzt es ist vorbei! Eine Ära ist zu Ende. Zum ersten Mal während unserer langjährigen Beziehung war ich gezwungen, mich gänzlich ungebürstet und ungeschniegelt den kritischen Blicken der Opernfreunde zu stellen.

Nicht nur ich, sondern wir alle werden dich schmerzhaft vermissen, Lothar. Deinen Nichten und Neffen aus dem Zahnputzglas habe ich die traurige Nachricht von deinem Ableben noch nicht überbracht. Ich zögere noch, denn ich fürchte, sie werden die entsetzliche Kunde nicht gut aufnehmen. Womöglich werden sie für eine Weile das Tragen der Zahnpasta verweigern. So wie damals, nachdem Klothilde, eure entfernte Verwandte niederer Abkunft, während der Dienstausübung ihren Schopf im Schlund der Toilettenschüssel verloren hatte. O ja, mit euresgleichen bin ich Unglücke gewohnt.

Jetzt, mein lieber Lothar, bist du sang- und klanglos von uns gegangen. Nur ein kurzer, heftiger Ruck hatte das plötzliche Ende unseres Zusammenlebens markiert. Mit Tränen in den Augen halte ich jetzt deine zwei Bruchstücke in den Händen und lasse die vielen Jahre gemeinsamen Bürstens vieler Generationen von Pullovern, Kamelhaar- und Wintermänteln vor meinem geistigen Auge Revue passieren.

Ich werde dich in deinem angestammten Samtkästlein beerdigen, links neben der Pappel am Gartenzaun. Dort kannst du dann dem auf- und abschwellenden Rauschen der Blätter zuhören, was dich womöglich an den vertrauten Wischklang beim gemeinsamen Bürsten erinnern wird. Meine Mäntel und ich … Wir werden dich nie vergessen.

Ruhe sanft, mein treuer, haariger Freund!

# Tempus fugit, amor manet

(übers.: Die Zeit vergeht, die Liebe bleibt)
von Sarah Sepke


Jede Zelle,
ein Teil von dir und mir,
das Leben ist wie eine große Welle,
zusammen ergeben sie ein Wir.
DrübenLand und HierWelt,
sie gehören nah zusammen,
irgendwann müssen wir alle überqueren diesen Belt,
es ist der LebensFluss, in dem wir gemeinsam schwammen.
Der Abendhimmel leuchtet rot,
als würden die Engel backen,
euch hat viel zu früh geholt der Tod,
eure Liebe schützt mich vor HimmelNässe wie tausend
Regenjacken.
Ihr Sterne seid stets an meiner Seite,
die Sehnsucht, die mich antreibt,
ihr erleuchtet mir die Ferne und Weite,
die Geborgenheit unterm Himmelszelt oft verspürt, habe ich mich
vor euch verneigt.
Jede Zelle, jeder Herzschlag,
miteinander über den Tod hinaus vereint,
die Liebe überwindet alle Grenzen, was zu glauben kaum einer
vermag,
ihre wärmenden Strahlen umhüllen uns, damit keiner mehr weint.

# Die Magierin
## *von Ilona Clemens*

Die Magierin ist alt. Älter als die Welt sogar. Es hat sie immer schon gegeben. Groß ist sie und hager. Mit ihren über zwei Metern Körpergröße überragt sie fast alle Menschen. Quer durch ihr Gesicht verläuft eine zickzackförmige Narbe, denn da ist vor Urzeiten beim Blitzeschleudern etwas schiefgegangen, als sie den Blitz nicht von sich weg, sondern auf sich zugeschleudert hat.

Nur sehr wenige würden sie wohl als eine schöne Frau bezeichnen, und doch wird jede und jeder, die oder der auf sie trifft, in ihren Bann gezogen.

»Deine blaubeerblauen Augen machen mich in dir versinken.« Das hat ihre einzige Geliebte und Gefährtin vor Äonen an Zeitaltern gesagt.

Ach, es tut so weh, daran zu denken! Denn nicht die blaubeerblauen Augen sind es, die ihre Gefährtin gebannt haben. Der Bann ist von der *Namenlos Bösen* auf ihre Gefährtin geschleudert worden.

Wie diese Frau wirklich heißt, weiß niemand. Da aber noch niemals irgendetwas Schönes oder Gutes von ihr ausgegangen ist, wird sie allgemein die *Namenlos Böse* genannt.

Die Magierin erinnert sich noch genau an den Moment, der alles verändert hat. Ihre Gefährtin und sie standen im leicht fallenden Regen und sahen sich glücklich an. »Ich liebe Dich so sehr«, sagte die Magierin, und ihre Gefährtin strahlte über das ganze Gesicht. Vor lauter Glück hatten sie beide vergessen, einen Schutzmantel um ihre Liebe zu legen, wie sie es normalerweise täglich taten, sodass die *Namenlos Böse* ein leichtes Spiel hatte. Die Luft vibrierte, eine eisige Kälte breitete sich aus, und im Bruchteil einer Sekunde erstarrte ihre Gefährtin zu einem massiven Granit, in den sie seither eingeschlossen ist.

Lange hat die Magierin versucht, den Bann zu brechen. Alles hat sie probiert, zunehmend verzweifelt, doch ohne Erfolg.

Eine machtlose Magierin. Hat man so etwas schon gesehen?

Nicht, dass sie nicht immer noch mächtig wäre, aber ihrer Magie fehlt es oftmals an Seele. Sie versteht ihr Handwerk, sie arbeitet gut, sie macht und tut, aber es erfüllt sie nicht mehr. Nur manchmal, wenn ein Staunen durch die Welt geht und die Leute etwas sagen wie »Es gibt Dinge zwischen Himmel und Erde, die wir nicht verstehen können!«, lächelt sie und freut sich, denn für eine Magierin gibt es nun einmal nichts Erfüllenderes, als Zauber in die Welt zu bringen.

Die Zeit ist vergangen, wie sie es eben so tut. Wie lange sie bei der versteinerten Geliebten geblieben ist, kann sie nicht sagen. Es können Jahrzehnte oder auch Jahrhunderte gewesen sein, die sie hilflos, machtlos und doch immer mit einem Rest Hoffnung, es könne ihr doch noch etwas einfallen, um den Bann zu lösen, dort ausgeharrt hat.

Dann kam der Tag, an dem sie es nicht mehr ertragen hat, den Granitfelsen anzuschauen und an dem ihr plötzlich klar wurde, dass die Erlösung nicht im Stillstand liegen kann. Nicht lange danach ist sie aufgebrochen, und seitdem ist sie ohne Unterlass unterwegs. Anfänglich ging es nur darum, wegzukommen. Später hat sie sich nach Norden gewandt, weil es dort der Sage nach einen riesigen Wald gibt, in dem die Bäume über Zauberkräfte verfügen und sprechen können. Vielleicht hat dieser Wald eine Idee, was sie noch tun kann, um ihre Geliebte zu erlösen. Sie glaubt nicht wirklich an die Existenz dieses Waldes, doch in Ermangelung eines besseren Ziels setzt sie einen Fuß vor den anderen.

Und nun beschleicht sie das Gefühl, keinen Schritt weiterzukommen, ja, sich sogar im Kreis zu drehen. Ist sie nicht gestern und vorgestern schon an genau dieser Wegkreuzung vorbeigekommen? Natürlich. Hinter der hohen Tanne, gleich zu Beginn des linken Weges, hat sie geschlafen, das weiß sie ganz sicher. Verzweifelt lässt sie sich auf die Erde fallen. Sie fühlt sich unendlich müde und leer. Weiterzugehen erscheint ihr sinnlos, und so bleibt sie einfach dort.

***

Eines Abends sieht sie in der Dämmerung Rehkitze miteinander spielen, die herumspringen und sich spielerisch zu jagen scheinen. Fasziniert beobachtet die Magierin das Treiben der Tiere. Es berührt sie, und für einen kurzen Moment spürt sie große Freude. Dieses Gefühl hat sie so lange nicht empfunden, dass sie es kaum aushalten kann. *Die meiste Zeit bin ich innerlich tot. Ich tue nur so, als wäre ich am Leben,* denkt sie und erschrickt.

Ist das wahr?

Da taucht eine Gestalt neben ihr auf und fasst sie sanft, aber bestimmt am Saum ihres langen, samtigen Mantels.

»Wir kennen uns bisher nur vom Hörensagen«, ertönt eine tiefe, vollklingende Stimme. »Ich bin der Tod. Freut mich, dich kennenzulernen, Magierin.«

Die Magierin schaut die Gestalt neugierig an.

So viel hat sie vom und über den Tod gehört. Sie ist dem Klischee erlegen und hat ihn sich stets in einen schwarzen Mantel gewandet und mit einer Sense in der Hand vorgestellt.

Diese Gestalt jedoch trägt nichts davon.

Edel sieht sie aus in ihrem königsblauen Gewand. Die Magierin kann weder ihr Alter einschätzen noch erkennen, ob es sich um einen Mann oder eine Frau handelt. Das Gesicht ist aufgeweckt, der Gesichtsausdruck freundlich. Aus smaragdgrünen Augen schaut der Tod die Magierin forschend und intensiv an, was dieser ganz und gar nicht behagt, denn sie mag es nicht, sich durchschaut zu fühlen.

Sie zwingt sich, dem Blick des Todes standzuhalten.

»Wie kommt es, dass wir uns ausgerechnet heute begegnen?«, fragt sie.

Der Tod schaut sie weiterhin an. »Ich habe deine Gedanken vernommen. Du meintest, bereits tot zu sein?«

Stille. Energie fließt hin und her zwischen den beiden Urkräften und sorgt für Austausch, obwohl kein Wort gesprochen wird.

Nach einer Weile sagt die Magierin: »Ja. So fühlt es sich an«, und als sie es ausspricht, merkt sie, dass es ihr guttut, es zuzugeben, besonders vor jemandem, der ebenfalls eine Urkraft verkörpert und dem sie auf Anhieb vertraut.

»Der Tod wird sehr oft missverstanden, Magierin. Meistens sogar. Und auch von dir.«

Nun schaut die Magierin den Tod fragend an, denn was er da sagt, macht sie neugierig.

»Was du vermutlich meinst, ist, dass du dich leblos fühlst. Erstarrt.«

»Genau«, erwidert die Magierin. »Wie tot.«

Jetzt lächelt der Tod. »Tot-Sein ist nicht Erstarrt-Sein. Tot-Sein ist nicht Leblos-Sein. Tot-Sein heißt, eine entscheidende Wandlung vollzogen zu haben. Es ist kein unerträglicher oder quälender Zustand. Erstarrt-Sein und Leblos-Sein, das ist quälend, weil du lebst und dieses Leben nicht spüren kannst. Wenn du tot bist, hast du aber mit diesem Leben abgeschlossen. Du quälst dich nicht, denn du bist fertig mit diesem Zustand. Verstehst du den Unterschied?«

»Danke«, sagt sie. »Du hast recht. Erstarrt. Das ist, was ich bin und worunter ich leide.« Nach einer kurzen Weile des Nachdenkens fragt sie: »Kommt also die Macht, die die *Namenlos Böse* hat, daher, dass sie jemanden erstarren lassen kann?«

»Du bist eine sehr weise Frau«, antwortet der Tod. »Genauso ist es. Die *Namenlos Böse* kann nicht töten. Wenn du das erkennst, beginnst du, ihren Bann zu brechen.«

Die Magierin wird ganz aufgeregt. Sie spürt eine verloren geglaubte Kraft in sich aufsteigen. »Wie? Wie kann ich das tun?«

Der Tod lächelt sie an. »Das kann ich dir nicht sagen. Es ist nicht mein Gebiet, doch ich weiß, dass du es zu gegebener Zeit herausfinden wirst. Jetzt muss ich weiter, meine Liebe. Es hat mich sehr gefreut.«

Aus tiefster Seele erwidert die Magierin: »Und mich erst! Ich hoffe, dass wir uns wiedersehen.«

Noch während sie spricht, löst sich der Tod vor ihren Augen auf.

***

In der folgenden Nacht hat sie einen intensiven Traum. Sie sieht sich in einem Wald umherlaufen. Der ganze Wald leuchtet in goldenem Licht. Macht geht von ihm aus.

*Da!* Eine Spinne taucht auf und wuselt ihr vor die Füße. Sie ist groß und tiefschwarz. »Folge mir!«, scheint sie zu sagen, und die Magierin folgt ihr.

Beim Aufwachen weiß sie, dass es nun an der Zeit ist, den Wald zu erreichen. Kaum hat sie ihr Bündel geschnürt, erscheint die Spinne, die sie im Traum gesehen hat, und gemeinsam gehen sie los.

Wieder einmal verliert sie jedes Zeitgefühl. Sie läuft sich in Trance, und das tut ihr gut, weil sie weder nachdenkt noch grübelt noch hadert, wie sie es so unendlich lange getan hat.

Irgendwann erscheint eine Tür, die sich beim Näherkommen öffnet.

Die Magierin tritt hindurch und steht nun in einem Wald, der sich erstreckt, so weit ihr Auge reicht. Die Luft schimmert golden, und die Magierin möchte weinen, weil sie genau weiß, dass sie hier richtig ist.

Einer der Bäume streichelt sie sanft mit einem Zweig. »Wie gut, dass du da bist«, sagt er. »Dies ist das neue Land in deiner Seele. Und nun geh und finde deine Gefährtin.«

Die Magierin staunt, und ein Lächeln erscheint auf ihrem Gesicht, das breiter und breiter wird. *Ich komme,* sagt sie in Gedanken zu der Geliebten und folgt der Spinne, als diese sich erneut in Bewegung setzt.

Und dann erscheint er: der Granit, in den ihre Gefährtin eingeschlossen ist.

»Höre!«, sagt die Spinne. »Erinnere dich daran, wer du bist. Vertraue und erlöse. Willst du das für euch und für die Welt tun?«

»Ich habe Angst«, hört sich die Magierin sagen. Ihre Stimme zittert. Was, wenn sie versagt?

»Vertraue und erlöse«, wiederholt die Spinne. »Es gibt kein Versagen.«

Da lehnt sich die Magierin an den Felsen und bietet dem kalten Stein ihre Wange dar.

»Ich vertraue«, sagt sie schlicht und entlässt alle Angst, alle Zweifel und alle Bitterkeit aus ihrem Herzen.

Nicht lange danach zeigen sich erste Risse in dem Stein. Durch den Wald geht ein Raunen, das der Wind über ihn hinaus in die Welt trägt. Es erzählt von einem Wunder, das gerade geschieht.

Wenn du ganz still bist, kannst du es hören.

# Kaleidoskop der Unendlichkeit

*von Olivia Grove*

*Jede Besonderheit deines Gesichts hat sich in mich*
*eingebrannt wie tausend Sonnen*
*doch deine letzten Atemzüge seh' ich nur noch verschwommen*
*mein Blick streift deine Hände, sie zittern,*
*das Atmen fällt dir schwer*
*und plötzlich find' ich mich allein auf dem wild tobenden Meer*
*mein Herz stolpert, der Blick kippt von manisch zu leer,*
*und ich weiß, zurück kommst du nimmermehr*
*Weißt du noch?*
*Auf unserer Reise zu den Zwillingssternen*
*lag ich wie eine kostbare Blume in deinen Armen*
*doch mein Verlust hat den sinnlichen Duft*
*mit einem Schlag verwandelt*
*die Blütenblätter sind jetzt pure Melancholie,*
*mit Säuretränen verschandelt*
*wie eine tödliche Waffe hast du meine Seele*
*erschüttert und all die hoffnungsvollen Träume*
*sind in einem Wimpernschlag zersplittert*
*Hörst du die flüsternden Frostschauer, die über die Welt beben?*

Ich weiß, es wird der längste Winter all meiner künftigen Leben
dennoch sehe ich deine Sommersprossen auf meiner Nase tanzen
dein warmer Name fließt durch meine Adern,
überwindet alle Distanzen
denn jetzt bist du ein Weltenwandler, der Beginn der Ewigkeit
du bist die Legende, die jeder Nacht Glanz verleiht du weißt, du bist
mein Mondschein in der Finsternis
bloß ist die Welt so erschöpft, weil du nicht mehr in ihr bist
Und am Ende faltet sich die Zeit auf sich selbst,
da du die Uhr in meinem Herzen immer wieder verstellst
ich seh' die Zeiger rotieren, spür' mein Leben zerrinnen
wollte doch gemeinsam mit dir in der Milchstraße schwimmen
du weißt, ich bin schon längst auf dem Weg zu den Sternen
doch du bist noch immer in deinem Kaleidoskop gefangen
und spielst mit der Reflexion der Spiegelsymmetrie, denn du bist die
Vollkommenheit der heiligen Geometrie
sag mir, warum strebst du nach Unsterblichkeit?
Alles, was uns bleibt, ist die Erinnerung an unsere gemeinsame Zeit.

# DER ORT, VON DEM DIE TRÄNEN KOMMEN.

TEXT UND BILD:
CHRISTOPH GEISLER

ICH HABE DEIN GRAB AUFGELÖST.
DENN DORT FINDE ICH DICH NICHT.

ICH HABE DIE ERINNERUNGEN VERBRANNT.
DENN SIE BIST DU NICHT.

ICH HABE DICH INS INNERE HINAUS ENTLASSEN.
DORT BIST DU BEI MIR, UND ICH BIN BEI DIR.

DIE ZEIT, BEVOR DU VON UNS GEGANGEN BIST, WAR EINE ZEIT, IN DER DER MOND MIR FREMD GEWORDEN WAR.

ER WAR SCHON LANGE NICHT MEHR DER GÜTIGE ALTE, DER UNS DIE DUNKLE NACHT ERHELLTE, SONDERN NUR NOCH DER BLEICHE, STEINIGE NACHBAR IN EINEM KALTEN, GRENZENLOSEN UNIVERSUM.

„DER MOND, ER KANN DIR BEIDES SEIN", HAST DU MIR GESAGT, „UND NOCH SO VIELES MEHR. ES LIEGT AN DIR, NICHT AN IHM."

DIE UNBEGRENZTEN MÖGLICHKEITEN UND DIE ACH SO GRENZENLOSE PHANTASIE HATTEN SICH IN MIR ZU EINEM UNENDLICH SCHWARZEN UND BITTERKALTEN RAUM AUFGELÖST. EINE INNERE LEERE, DIE SICH NICHT FÜLLEN LIESS.

„VIELLEICHT", HAST DU GESAGT, „IST DORT ABER EIGENTLICH EINE INNERE FÜLLE, DIE SICH NICHT LEEREN LÄSST."

MEIN DENKEN HATTE SICH ERSCHÖPFT, SICH WUND GELAUFEN IN EINEM SICH SELBST IMMER WIEDER BEGRENZENDEN VERSTAND.

„SAG NICHTS GEGEN GRENZEN", HAST DU GESAGT. „DEIN VERSTAND KANN NICHT ANDERS, ALS GRENZEN ZU SETZEN IN SEINEM UNERMÜDLICHEN BEMÜHEN, INSELN DES SINNS IN EIN SINNLOSES UNIVERSUM ZU BRINGEN.

ABER DIE GRENZEN SIND NICHT FEST.

ES MAG TATSACHEN GEBEN, DIE DU NICHT ÄNDERN KANNST. ABER IMMER KANNST DU DIE GESCHICHTEN ÄNDERN, DIE DU ZWISCHEN IHNEN GESPONNEN HAST. DIE GRENZEN, DIE DU AUF DIESE WEISE UM SIE GEZOGEN HAST, KANNST DU VERSCHIEBEN, AUSDEHNEN, NEU ZIEHEN."

„WIE?", HABE ICH DICH GEFRAGT.

„INDEM DU FRAGEN STELLST UND NICHT MIT ANTWORTEN IMMER NEUE GRENZEN ZIEHST."

„WELCHE?"

„MIT DER EINEN FRAGE LÖST DU DAS DENKEN VON SEINEM GRUND, VON DEN GELÄNDERN, AN DAS ES SICH KLAMMERT:

## WARUM?

UND MIT DER ANDEREN FRAGE ÖFFNEST DU ES:

## WAS WÄRE, WENN?"

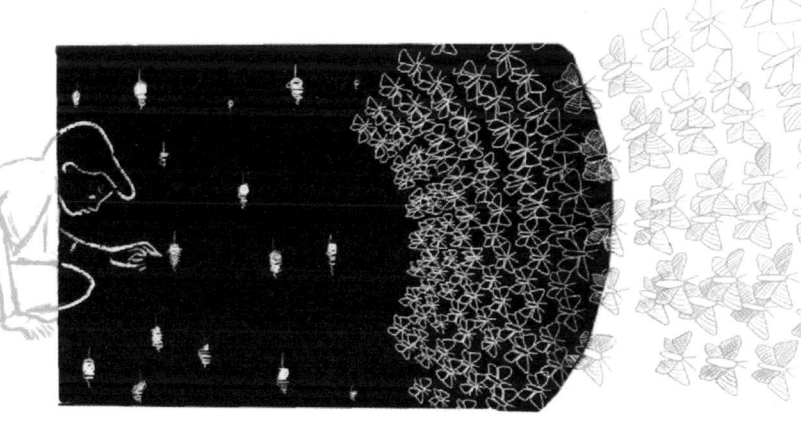

DANN KAM DER TAG, AN DEM WIR DIE ENTSCHEIDUNG
TREFFEN MUSSTEN, BEI MEINEM VATER DIE LEBENS-
ERHALTENDEN GERÄTE ABSTELLEN ZU LASSEN.

VON DA AN SIND MIR DIESE FRAGEN ZUR FALLE GEWORDEN.

DAS DENKEN FUNKTIONIERTE NOCH, ABER ES AKZEPTIERTE DIESE EINE GRENZE NICHT, AUF DIE ER MICH HINGEWIESEN HATTE.

MIT DER FRAGE NACH DEM **WARUM** RÜTTELTE ES WIEDER UND WIEDER AN DER EINEN TATSACHE, DIE UNABÄNDERLICH WAR UND SICH NICHT VON IHREM GRUND LÖSEN LIESS: AN SEINEM TOD.

UND MIT DER FRAGE **„WAS WÄRE, WENN ... ?"** DREHTE ES SICH ATEMLOS IM KREIS:

WAS WÄRE, WENN WIR NOCH GEWARTET HÄTTEN?
WAS WÄRE, WENN ER ..., WAS WÄRE, WENN WIR ..., WAS WÄRE, WENN DIE ÄRZTE ..., WAS WÄRE, WENN, WENN, WENN ...

„LASS IHN LOS!", RIET MAN MIR.

„DAS LEBEN MUSS WEITERGEHEN."

ABER ICH LIESS NICHT LOS, SONDERN VERSUCHTE, IHN NOCH
STÄRKER FESTZUHALTEN: ICH SAMMELTE, SCHRIEB NIEDER,
ORDNETE, WAS ES AN ERINNERUNGEN AN IHN GAB ...

ICH WUSSTE, WIE ER SICH UM DIE ERINNERUNG AN SEINE
EIGENEN ELTERN BEMÜHT UND AUCH NOCH DAS FOTO DER
ENTFERNTESTEN VERWANDTEN AUFBEWAHRT, JA SELBST
DAS GRAB SEINER URGROSSELTERN BIS ZULETZT NOCH
GEPFLEGT HATTE.

DA SOLLTE ES IHM NICHT SCHLECHTER ERGEHEN ALS DENEN,
UM DEREN ANDENKEN ER SICH GEKÜMMERT HATTE.

DANN
KROCH DIE ANGST IN MIR HOCH.

DIE ANGST, IHN ZU VERLIEREN, WENN ICH MICH
NICHT JEDEN TAG MIT IHM BESCHÄFTIGTE,
WENN ICH NICHT ALL DIE ERINNERUNGEN
BEWAHRTE, SIE IMMER WIEDER HERVORHOLTE,
SEIN GRAB BESUCHTE UND SEINEN TODESTAG
BEGING ODER DEN TOTENSONNTAG EHRTE ...

DIE ANGST, DASS ICH MICH VERSÜNDIGEN ODER
ZUMINDEST IHN ZUTIEFST ENTTÄUSCHEN
KÖNNTE, WENN ICH ALL DAS IRGENDWANN NICHT
MEHR SO TUN SOLLTE.

KEINE ANGST KOMMT ABER,
UM EINEM EINFACH ANGST ZU MACHEN.

SIE KOMMT, WEIL ETWAS ANDERES KOMMT
UND EINEM DIESE ANGST MACHT.

UND SO KAM AUCH DIESE NICHT EINFACH SO.

SIE KAM IM FAHRWASSER EINES GEFÜHLS, DAS MEINE
BISHERIGEN ANNAHMEN ÜBER MEIN ERINNERN GRUNDLEGEND
INFRAGE STELLTE.

ES TRAT AM ANFANG NUR GANZ LEISE AUF.

ABER KAUM WAR ES DA, GING ES NICHT WIEDER WEG,
WURDE IMMER STÄRKER UND WOLLTE ZUNEHMEND WENIGER
BEISEITEGESCHOBEN WERDEN.

BIS ES SICH SCHLIESSLICH ALS ZWEIFEL ZU ERKENNEN GAB,
OB ICH DAS NICHT ALLES VIELLEICHT DOCH SEIN LASSEN KONNTE
MIT ALL DEN FOTOS UND NOTIZEN, MIT DEM ERINNERN,
JA SOGAR MIT DEM GRAB.

ER WAR ES, DER DIE ANGST AUSLÖSTE: WAS WÜRDE ES
BEDEUTEN, IHM NACHZUGEBEN? WAS WÜRDE DAS AUS MIR
MACHEN, WAS AUS MEINEM VATER, WAS AUS MEINEN
ERINNERUNGEN AN IHN?

UNBEKANNTES, STETS BEWUSST GEMIEDENES TERRAIN,
GUT ABGEGRENZT, NICHT DENKBAR BISLANG, WEIL WIR
UNS HIER UNAUSGESPROCHEN, ABER DOCH SEHR
DEUTLICH EINE GRENZE GESETZT HATTEN.

UND DOCH GING ES BALD NUR NOCH UM DIE FRAGEN:

**WARUM** EIGENTLICH? WARUM EIGENTLICH NICHT?
UND **WAS WÄRE** EIGENTLICH, **WENN** ... ?

JA, WAS WÄRE EIGENTLICH, WENN DIESER ZWEIFEL AUF EINMAL VOR MIR STÜNDE UND BEACHTUNG EINFORDERTE, WEIL HINTER IHM EIN GRUND STEHT, DER DIESE BEACHTUNG VERDIENT?

WAS WÄRE, WENN ER MICH SCHRÄG VON DER SEITE ANSEHEN UND FRAGEN WÜRDE:

WAS MACHT EIGENTLICH SO EIN LEBEN AUS?

WAS BLEIBT, WENN IHR GEHT?

DANN WÜRDE ICH VIELLEICHT ANTWORTEN:

EIN GRAB ... EIN TODESTAG ... ORTE, DATEN ... ZEUGNISSE ... ERINNERUNGSSTÜCKE ...

FOTOS, BRIEFE, POSTKARTEN ...

POSTS? SMS? SUCHANFRAGEN?

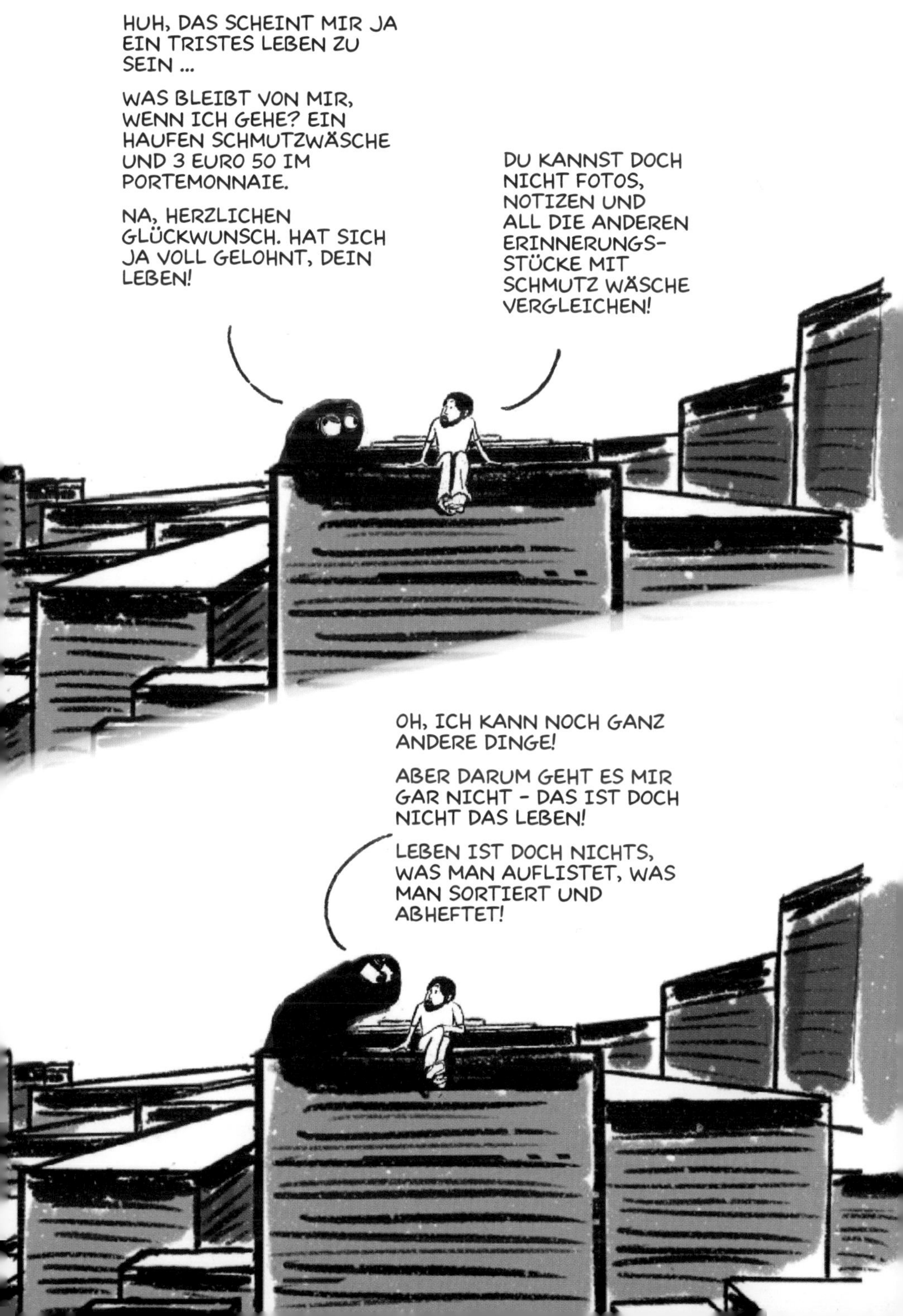

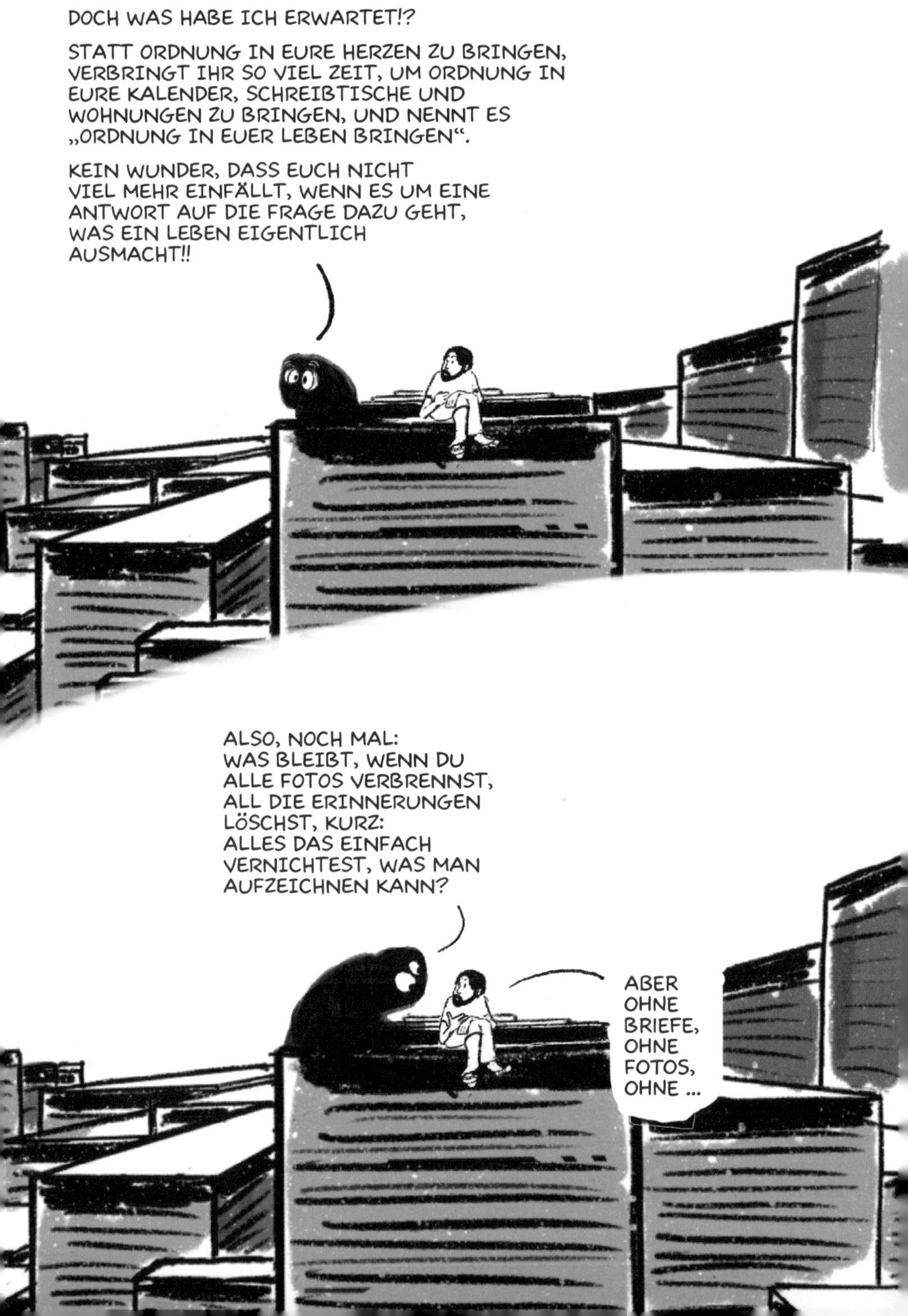

DOCH WAS HABE ICH ERWARTET!?

STATT ORDNUNG IN EURE HERZEN ZU BRINGEN, VERBRINGT IHR SO VIEL ZEIT, UM ORDNUNG IN EURE KALENDER, SCHREIBTISCHE UND WOHNUNGEN ZU BRINGEN, UND NENNT ES „ORDNUNG IN EUER LEBEN BRINGEN".

KEIN WUNDER, DASS EUCH NICHT VIEL MEHR EINFÄLLT, WENN ES UM EINE ANTWORT AUF DIE FRAGE DAZU GEHT, WAS EIN LEBEN EIGENTLICH AUSMACHT!!

WARTE!
BEVOR DU HIER WEITER LAMENTIERST, NIMM ZUM BEISPIEL ...
DIESES FOTO ...

IST ER DAS?
JA.

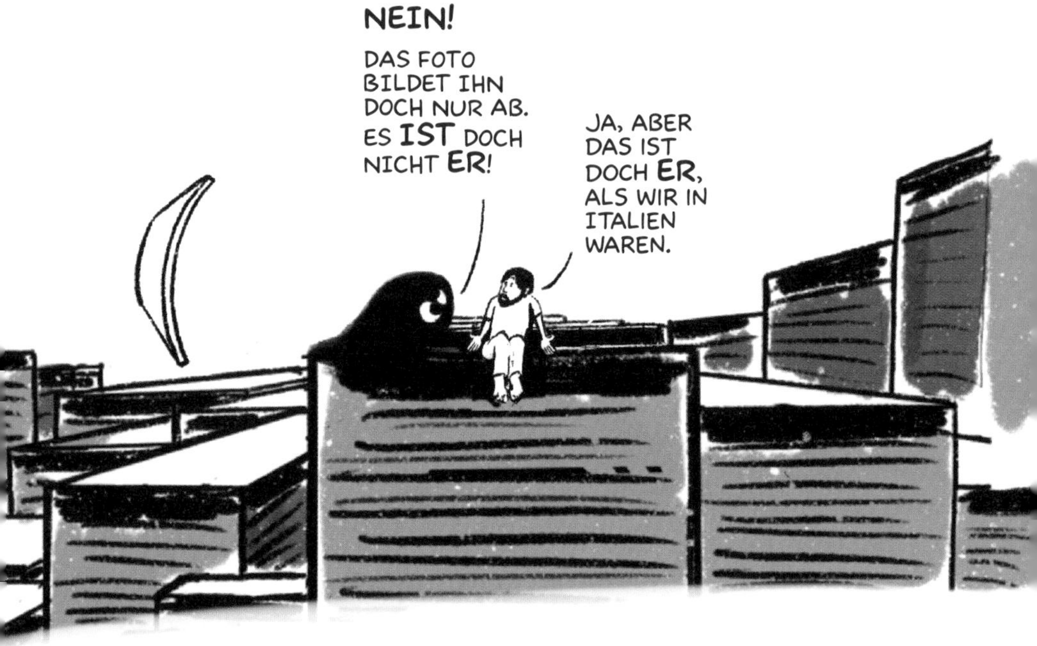

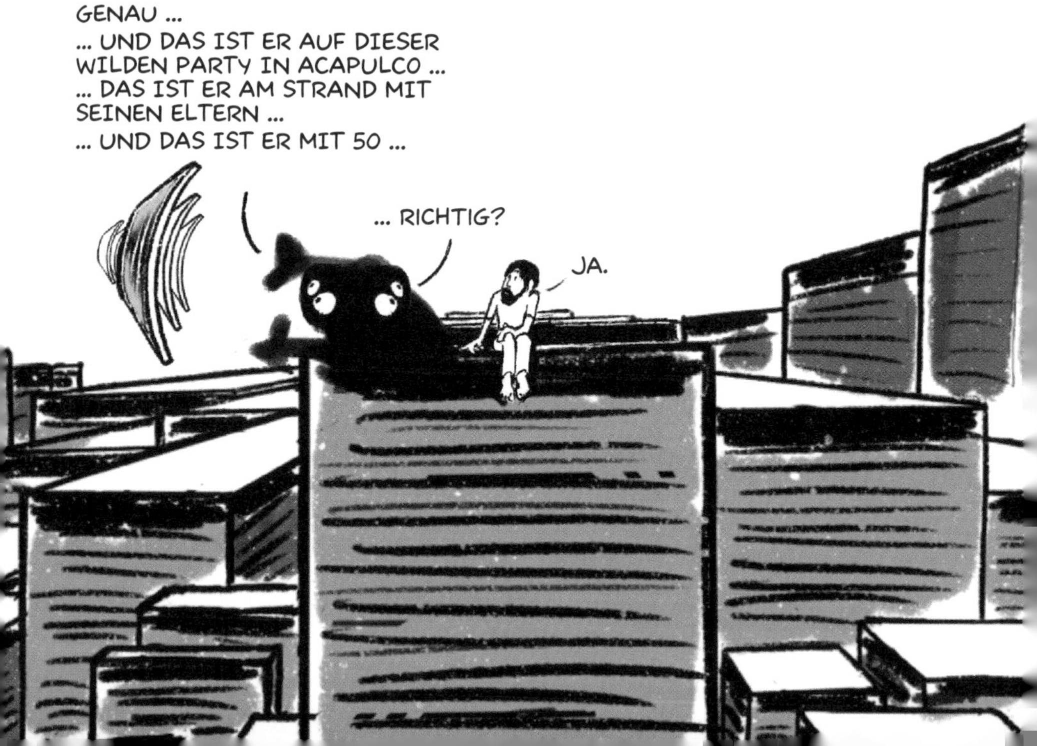

MERKST DU NICHT, WIE DEIN
VERSTAND IHN DIR IN EINZELTEILE
ZERLEGT? DAS IST ER HIER, DAS IST
ER DORT.
ABER WAS IST EIGENTLICH DIESER
„ER", DER MAL HIER UND MAL DORT
IST?

DAS SAGT DIR DEIN VERSTAND NICHT.
ER SIEHT IHN NICHT. DEIN VERSTAND
KANN NICHT ANDERS, ER IST STÄNDIG
DAMIT BESCHÄFTIGT , BEDEUTUNG IN
ALLES ZU BRINGEN, WAS DU IHM VOR
DIE NASE SETZT.

ZEIGST DU IHM EIN FOTO,
GRENZT ER ES EIN: AH JA,
DAS WAR DANN UND DANN.
MALST DU IHM EIN BILD,
SCHWUPS, SCHON BAUT
ER EINE GESCHICHTE.

WENN ICH IHM EIN
BILD MALE?
DEM VERSTAND??

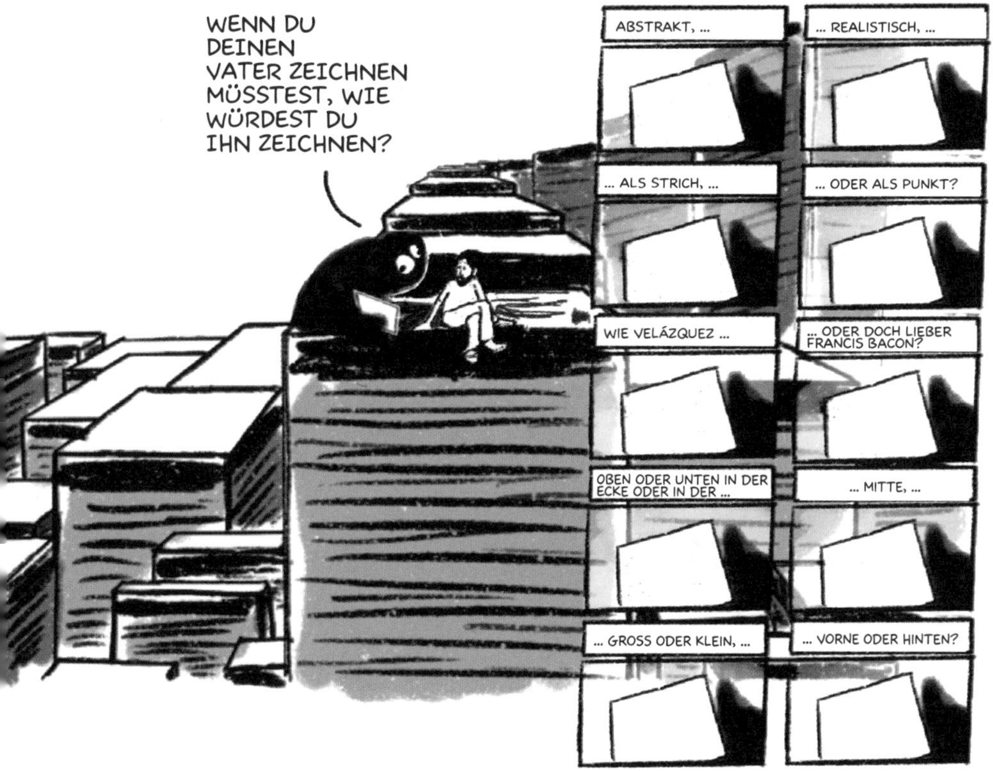

UND? WAS SAGT
DEIN VERSTAND
ZU DEM PUNKT?

ERKENNST DU
DEINEN VATER IN
IHM?

WARUM HAST DU
IHN DA OBEN
HINGEZEICHNET
UND NICHT IN DIE
MITTE ODER
UNTEN LINKS?

UND JETZT
MAL NOCH
EINEN
PUNKT
DAZU.

MERKST DU DAS?

MIT JEDEM WORT UND
JEDEM BILD, JA
SOGAR BEREITS BEI
EINEM EINFACHEN
PUNKT AUF EINEM
LEEREN BLATT PAPIER
GRENZT DER
VERSTAND IHN EIN –
AUF EINE SITUATION,
EINE BEZIEHUNG, EINE
GESCHICHTE, EINEN
EINZELNEN ASPEKT
SEINES LEBENS.

ABER EIN LEBEN IST
SO VIEL GRÖSSER, UND
JEDER DIR WICHTIGE
MENSCH IST SO VIEL
MEHR FÜR DICH ALS
NUR DIE SUMME DER
MOMENTE, DIE DU
FESTGEHALTEN HAST.

WAS ALSO MACHT
IHN WIRKLICH FÜR
DICH AUS –
JENSEITS ALL DER
KONTEXTE?

WAS ALSO HAST DU
WIRKLICH VON IHM
FESTGEHALTEN?

BLEIBT DA NICHT
NOCH WAS, WENN DU
ALL DIE
ERINNERUNGEN,
ALL DIE
AUFZEICHNUNGEN
LÖSCHST?

WENN ICH ES MIR RECHT ÜBERLEGE ...

... WAS ER WIRKLICH IST, FÜR MICH IST, IST NICHT DER KÖRPER, DER ER WAR, ODER DIE WORTE, DIE ER SAGTE, AUCH NICHT DIE DINGE, DIE ER TAT, SONDERN DAS, WAS ICH NOCH NIE BESCHREIBEN KONNTE, WENN ICH IHN BESCHREIBEN SOLLTE, WAS MIR ABER SCHON IMMER KLARER ALS JEDES FOTO VOR AUGEN STAND.

HM.

VIELLEICHT SO WAS WIE EIN GEFÜHL, WAS SICH EBEN NICHT DURCH BESCHREIBUNGEN EINGRENZEN LÄSST, ETWAS, WAS OHNE JEDEN KONTEXT, OHNE JEDE ERZÄHLUNG NICHT IN DEINEM KOPF, SONDERN IN DEINEM GESAMTEN KÖRPER SITZT?

JA!

DAS, WAS SICH VON IHM
AUS DER FÜLLE AN
ERINNERUNGEN, DEN
STAPELN VON FOTOS
UND BRIEFEN, AUS ALL
DEM GEWUSEL VON
EINDRÜCKEN, DIE ICH
VON IHM HABE, ALS DER
MENSCH, DEN ICH
KENNE,
HERAUSGEFILTERT HAT.
DAS, WAS ICH SCHON
IMMER VON IHM BEI MIR
HATTE, WENN WIR UNS
NICHT SEHEN KONNTEN.

DEINE ANGST IST NICHT
DIE ANGST,
IHN ZU VERLIEREN,
WENN DU ALLE
ERINNERUNGEN LÖSCHST.

DU WEISST TIEF IN DIR
DRIN, DASS DAS NICHT
PASSIEREN WIRD, DASS
DA NOCH WAS IST, WAS
BLEIBT.

ES IST DIE ANGST,
DICH AUF DIESES
UNBEKANNTE IN DIR
EINZULASSEN.

GENAU GENOMMEN IST ES DIE
ANGST, DEM IN DIR ZU
VERTRAUEN, WAS DER
VERSTAND NICHT GREIFEN
KANN.

DAS IST SCHWIERIG IN EINER
WELT, IN DER WIR MEINEN,
ALLES VERMESSEN UND
BERECHNEN ZU KÖNNEN ...

ABER: DU LÄSST NICHT DEINEN
VATER LOS, SONDERN DEINEN
VERSTAND.

WENN DU DEINEN VERSTAND
LOSLÄSST, LÖST ER SEINEN
GRIFF UND ÖFFNET SICH FÜR
DAS, WAS DEINEN VATER SCHON
IMMER JENSEITS DER FOTOS,
TEXTE UND EINZELNEN
ERINNERUNGEN FÜR DICH
AUSGEMACHT HAT.

DEIN VATER VERSCHWINDET
DADURCH NICHT, SONDERN
DU ENTLÄSST IHN INS
INNERE HINAUS.

AN DEN ORT, AN DEM SICH
DIE DINGE BEFINDEN, DIE
KEINE WORTE BESCHREIBEN
KÖNNEN, DIE KEIN VERSTAND
ERFASSEN, DIE KEIN
COMPUTER BERECHNEN
KANN.

DAS IST EIN WAHRLICH
GRENZENLOSER UND EIN
ZUTIEFST MENSCHLICHER
ORT.

HIER ERLEBT IHR DAS, WAS
EINE PERSON AUSMACHT,
UND WER EINMAL AN DIESEM
ORT IN EINEM MENSCHEN
ANGEKOMMEN IST, WIRD
DORT FÜR IMMER SEINEN
PLATZ HABEN.

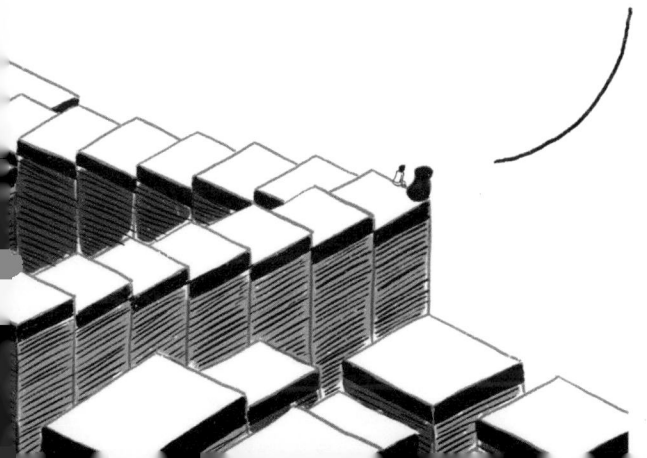

ES IST DER ORT, VON DEM
DIE TRÄNEN KOMMEN.

TIEF IN DIR DRIN UND
DOCH NIRGENDWO.

MAN KANN NICHT IN IHN
HINABSTEIGEN, ES KANN
NUR ETWAS AUS IHM
HERAUFSTEIGEN.

ES IST DER ORT, AN DEM
LIEBE UND HOFFNUNG
ZU HAUSE SIND UND VON
DEM AUS SIE ALLES
DURCHSTRÖMEN.

GRENZENLOS.

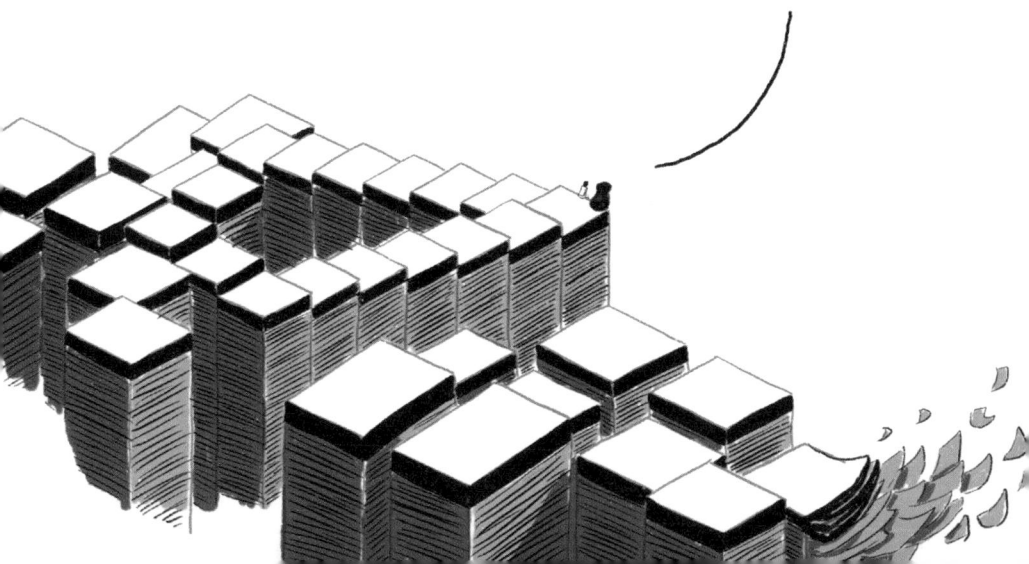

ICH HABE DEIN GRAB AUFGELÖST.
DENN DORT FINDE ICH DICH NICHT.

ICH HABE DIE ERINNERUNGEN VERBRANNT.
DENN SIE BIST DU NICHT.

ICH HABE DICH INS INNERE HINAUS ENTLASSEN.
DORT BIST DU BEI MIR, UND ICH BIN BEI DIR.

2021/2023

# Danksagung

Kein Mensch schöpft allein aus sich selbst heraus. Es sind Lebensereignisse und Begegnungen, die einem den Blick auf das Leben öffnen und den Weg unter die Füße legen. Ich bin für meine Begegnungen mit den verschiedensten Menschen, WegbegleiterInnen, PatientInnen und FreundInnen zutiefst dankbar. All die geteilten Momente des Vertrauens, die offen geteilten Erfahrungen, Lebensgeschichten und Emotionen führten zu der Idee, eine Anthologie über die Liebe und den Tod herauszubringen, um Menschen Worte und Inspirationen für ihre Abschiede und Trauer zu geben.

Dieses Buch ist ein Ergebnis von einzigartiger Teamarbeit. Darum – Ehre, wem Ehre gebührt. Es vereint das Gefüge von großartigen Menschen, allen voran den beteiligten Autorinnen und Autoren, derer es bedurfte, um die Liebe und den Tod auf so besondere Weise zum Leben zu erwecken.

Ein großes Dankeschön gebührt meiner kleinen feinen Jury, die mir ihre Freizeit schenkte und mich damit bei der Auswahl der Beiträge maßgeblich unterstützte. Dazu danke ich Patty Spanke und Emilie Bähr, die die ersten Schritte auf den Weg zur Veröffentlichung geebnet haben. Mein besonderer Dank gilt außerdem Edda Wilkening und Lydia M. Behnke, die dieser Anthologie mit ihrer Expertise den nötigen Feinschliff verpassten, um innen und außen ein gutes Zuhause für die Liebe und den Tod zu werden und letztlich in Händen gehalten werden kann.

Einen innigen Dank richte ich an meinen Verlag und im Besonderen an die Verlagsgründerin Nici Friederichsen. Dass jemand bereit war, diese Anthologie zu veröffentlichen, die von mir ersonnen wurde, ist nichts weniger als ein Wunder. Dafür vielen lieben Dank – auch besonders für deine Freude, die einzigartigen Ideen und deine Begeisterung für dieses Buchprojekt!

Irgendjemand muss einem immer den Rücken freihalten, und bei mir ist es meine Familie. Ohne euch würde ich so vieles nicht schaffen – ich kann euch nicht genug für unser Leben voller Liebe, Wärme und Lachen danken.

Ach ja, ebenfalls nicht genug danken kann ich der Liebe und dem Tod selbst. Ihr wart diesmal eine unerwartete, ungekannte Herausforderung und habt mich immer wieder ausgebremst, auf Irrwege geschickt, abgelenkt und einen Sack voll Arbeit und Sorgen verursacht. Rückblickend muss ich zugeben, dass ihr mich letzten Endes damit beflügelt und häufiger zum Lachen gebracht habt, als man es sich vorstellen kann. Danke auch für die Inspiration und den Kontakt mit den beeindruckenden Menschen, die ich unter normalen Umständen nie kennengelernt hätte. Ihr schenkt mir auch weiterhin unglaubliche, neue Perspektiven, für die ich für immer dankbar sein werde.

Danke an alle, die mich und meine Ideen mit Vertrauen und Freundlichkeit unterstützen – ich weiß das sehr zu schätzen.

# Über die Herausgeberin

Bo Hauer ist Gründerin und Inhaberin von viaanima und Herausgeberin des viaMag – Das Magazin für eine neue Trauerkultur. Es steht für einen offenen und zugewandten Umgang mit unlimitierten Emotionen und ist eine laute Stimme für mehr Toleranz und Enttabuisierung der Trauer sowie Entstigmatisierung psychischer Belastungen und Erkrankungen. Als Traueraktivistin unterstützt sie dazu verschiedene Projekte wie den Memento Tag Deutschland und ist aktiver Teil der Trauertaskforce. Sie praktiziert als integrative Heilpraktikerin, Hypnotherapeutin, Trauertherapeutin und Begleiterin in eigener Praxis.

Informationen und Details zu den einzelnen Autorinnen, Autoren und allen Mitwirkenden dieser Anthologie sind unter viaanima.com zu finden.

# Platz für Gedanken

# Weitere Bücher aus dem OVIS Verlag

*Christoph Bevier, Malte Wulf*

## Krähe sein

### Beschreibung:

Die Laute, die über Land wehen,
Wehmütig im Bund mit der Kälte,
Früher als sonst gekommen,
Den Sinn, den du suchst, findest
Du nicht in ihnen, er ist
Nirgendwo. Die Krähen schreien,
Weil sie da sind. Das reicht.

Gedichte, die um die mythische Figur der Krähe kreisen. Die Krähe erscheint als ausgegrenzte, menschlicher Willkür und Urteilen ausgelieferte Kreatur, die kompromisslos die Treue zu sich selbst und damit ihre Unabhängigkeit wahrt und voreilige Versöhnung unterwandert. Letzten Instanzen mit ihren Ansprüchen auf Sinngebung und Unterordnung unterwirft sich die Krähe nicht, vielmehr greift sie anthropozentrische Vorstellungen von Sinn und Glauben an und damit eine Vorstellung von Liebe, Sinnstiftung und Überwindung des Todes, die nur für Menschen gilt, nicht aber für Tiere. Teils stellen die Gedichte einen direkten Bezug zur Gegenwart her, teils bleiben sie auf einer existenziellen Ebene und beschäftigen sich mit Lebensthemen wie Krankheit, Tod, Glück, Gelingen, Scheitern, Einsamkeit, Glaube. Die Erfahrung der Natur ist ein zentrales Motiv dieser Gedichte.

**Erscheinungsdatum:** April 2023

**Kategorie:** Gedichte

**Illustrationen:** Malte Wulf

**Format:** gebundene Ausgabe

**ISBN:** 9783910552012

*Tina Geldmacher, Angela Graumann*

**Das ist doch einfach nur Scheiße …**
um es mal auf den Punkt zu bringen!

## Beschreibung:

„Das ist doch einfach nur Scheiße … um es mal auf den Punkt zu bringen!" ist ein Lesebuch für Jugendliche, kein Buch ÜBER Jugendliche. Es zeigt in unkommentierten Interviews, wie unterschiedlich Jugendliche und junge Erwachsene mit ihrer Trauer umgehen und was ihnen hilft oder nicht. Ergänzt werden die Gespräche durch kleine erklärende Kapitel – sowohl für die jungen Menschen selbst als auch für erwachsene Begleitpersonen.

**Erscheinungsdatum:** April 2023
**Kategorie:** Sachbücher
**Themen:** Jugendtrauer, Interviews, Trauer, Tod
**Format:** Taschenbuch
**ISBN:** 9783910552029

Verlag: OVIS Verlag
www.ovis-verlag.de · info@ovis-verlag.de